体育产业发展的创新模式研究

高里程 ◎ 著

吉林出版集团股份有限公司

图书在版编目（CIP）数据

体育产业发展的创新模式研究 / 高里程著. — 长春:
吉林出版集团股份有限公司，2024.4
　ISBN 978-7-5731-4886-5

　Ⅰ．①体… Ⅱ．①高… Ⅲ．①体育产业－产业发展－
研究－中国 Ⅳ．①G812

中国国家版本馆 CIP 数据核字（2024）第 079277 号

体育产业发展的创新模式研究
TIYU CHANYE FAZHAN DE CHUANGXIN MOSHI YANJIU

著　　者　高里程

出版策划　崔文辉

责任编辑　侯　帅

封面设计　文　一

出　　版　吉林出版集团股份有限公司

　　　　　（长春市福祉大路 5788 号，邮政编码：130118）

发　　行　吉林出版集团译文图书经营有限公司

　　　　　（http://shop34896900.taobao.com）

电　　话　总编办：0431-81629909　营销部：0431-81629880/81629900

印　　刷　北京昌联印刷有限公司

开　　本　787mm×1092mm　　1/16

字　　数　300 千字

印　　张　16

版　　次　2024 年 4 月第 1 版

印　　次　2024 年 4 月第 1 次印刷

书　　号　ISBN 978-7-5731-4886-5

定　　价　88.00 元

如发现印装质量问题，影响阅读，请与印刷厂联系调换。电话：010-82751067

前　言

体育产业，作为现代社会经济发展的重要支柱之一，其多元化、专业化、智能化的发展趋势日益显著。随着全球经济的深度融合和科技的飞速发展，体育产业正迎来前所未有的创新机遇。在这一背景下，对体育产业发展创新模式的研究，不仅具有重要的理论价值，更对推动体育产业的可持续发展具有深远的实践意义。体育产业发展创新模式的研究有助于推动产业升级。传统体育产业以赛事举办、体育器材销售等为主要盈利方式，但在信息化、数字化的今天，体育产业的内涵和外延都发生了深刻的变化。通过对创新模式的研究，可以挖掘体育产业的潜在价值，开发出更加符合市场需求的产品和服务，进而提升产业的附加值和竞争力。

本书从体育产业概述入手，介绍了体育产业的结构与组织、体育产业资源的开发与配置以及体育产业市场运行管理，接着详细分析了体育产业的信息化发展、体育产业的多元化领域发展，并深入探讨了体育产业支持体系的创新与完善、体育产业供应链融资模式管理构建以及中国体育产业管理发展路径等内容。

本书在撰写过程中，参阅和引用了一些文献资料，谨向它们的作者表示感谢；感谢一直以来支持、鼓励和鞭策我成长的师长和学界同人。由于笔者水平有限，书中难免存在不妥甚至谬误之处，敬请广大学界同人和读者批评指正。

目　　录

第一章 体育产业概述

第一节 体育产业的内容与类别

当前，体育产业的发展是一个体育运动逐渐走向商业化、职业化并与其他行业不断融合的过程。就目前而言，中国体育产业蓬勃发展，已经成为国民经济中一个新的经济增长点。要推进体育强国建设，必须增强体育产业的实力，在整体上加强体育工作各项内容的协调与完善。

随着体育运动的不断发展，与之相关的体育产业的内容也逐渐得以丰富起来，体育产业的类型划分也越来越明确，越来越细致。下面主要对体育产业的内容和类别进行分析和阐述，从而更好地了解体育产业。

一、体育产业的内容

体育产业能够使人们对体育的多样化需求得到满足，是一切生产性组织和经营性组织的集合，是包括体育生产制造业、体育用品销售业、体育设施业、体育服务业等在内的综合产业。体育产业的内容主要包括四个方面，即体育本体产业、体育相关产业、体育延伸产业和体育边缘产业。

1.体育本体产业

体育本体产业指以体育自身特性为主要依据而进行生产、服务的部门，比较具有代表性的有体育培训业、竞赛表演业等，是一种产业部门群体。

2.体育相关产业

体育相关产业指以体育为资源和手段进行生产、服务的部门，比较具有代表性的有体育用品制造业、体育广播等，是一种产业链。

3.体育延伸产业

体育延伸产业指在体育产业周围形成的综合性的行业网络，各个行业之间没有性质上的联系，只有形式上的联系，比较具有代表性的有体育赛票、体育保险、体育旅游、体育经纪等，是一种行业网络。

4.体育边缘产业

体育边缘产业指为了更好地发挥体育本体产业的效益而提供综合服务的部门，比较具有代表性的有为体育活动提供的饮食、住宿以及纪念品等，是体育本体产业的重要组成部分。

二、体育产业的类别

在体育产业的分类上，国内外体育专家所持有的观点也存在着一定的差异性。下面就对此进行详细的分析和阐述。

（一）国外体育专家对体育产业的分类

国外体育专家及学者关于体育产业分类的观点主要集中在以下三个方面，分为三个模式。

1. 皮兹模式

皮兹模式是由学者皮兹于1994年提出的，这一模式把体育产业分为了体育表演、体育生产、体育推广三类。

2. 米克模式

米克模式是由米克于1997年提出的，这一模式把体育产业分为体育娱乐、体育产品、体育支持性组织共三个部分。

3.苏珊模式

苏珊模式是由苏珊于 2001 年提出的，这一模式将体育产业划分为体育生产和体育支持两大类，其中体育支持类还可以扩展为政府内相关的体育机构、各级种类的体育协会、体育管理公司、体育媒体、体育用品的制造和销售、体育设施的建设与运营六个种类。

总体来看，国外体育专家及学者对体育产业的分类是在当代西方社会经济条件下体育产业的生存和运作方式的基础上进行的。在西方发达国家，体育产业的发展时间较早，体育产业被普遍认知为向市场提供体育娱乐产品的行业，基于此，国外体育学者及专家对体育产业的分类基本上是按照体育娱乐产品的生产、营销、组织管理的业务流程的细分。他们对体育产业分类的思路基本相同，就是以体育娱乐产品的生产与管理流程为依据来进行分类，在这一前提下，体育产业系统主要分为三个部分，即体育生产子系统、体育营销子系统和体育支持保障子系统。

另外，体育产业链上下游的关系也可以作为一种划分标准来进行分类，按照这一划分标准，能够将体育产业划分为上游产业、中游产业和下游产业。其中，上游产业是指体育产业的原产业，主要反映体育产业的原生态，包括健身娱乐业和竞赛表演业；中游产业是指间接为健身娱乐业和竞赛表演业服务的支持性产业，包括体育器材、体育服装、体育鞋帽、体育媒体、体育中介、体育培训、体育场馆运营、体育保健康复等；下游产业是指间接为上游和中游产业服务的相关产业，缺少下游产业并不会对原产业的生存和运作产生影响，包括体育食品、体育饮料、体育旅游、体育建筑、体育博彩、体育房地产等方面。

依据体育产业链上下游关系的划分标准，是与体育产业发展特点相符的，它主要对体育产业是以体育活动为原点的生产、经营以及开发的产业链进行了阐述，同时，也将体育产业与一般产业之间的关系清晰地表明了出来，将体育产业自身的特点突出出来。

在现代市场经济条件下，体育产业的发展和革新的速度是非常快的。例如，群众体育中的体育活动因组织方式的变革而产生了健身娱乐业；竞技体育中的体育活动因竞赛组织的商业化和职业化的发展而设立了竞赛表演业。围绕这两个主业，经过不断的变革与发展又产生了一系列衍生性的产业。在我国体育产业发展的过程中，必须要将群众体育和竞技体育的发展作为重中之重，因为这两个主业是整个体育产业发展的源头，只有上游产业做好了，中游和下游产业才能得到更好的发展。

（二）国内体育专家对体育产业的分类

国家体育总局颁发的《体育产业发展纲要》（以下简称《纲要》）中也对体育产业进行了类型的划分。具体来说，就是将体育产业主要划分为体育主体产业、体育相关产业和体办产业等，这一划分方法是国内关于体育产业最为权威的划分方法。

1.体育主体产业

体育主体产业是指由体育部门管理、能发挥体育自身价值和功能的、提供体育服务为主的体育产业经营活动。体育主体产业主要包括竞技体育产业、体育教育科技产业、群众体育产业、体育彩票和体育赞助等。

2.体育相关产业

体育相关产业是指与体育有关的其他产业的生产和经营活动，如体育场地、体育器材、体育服装、体育食品、体育饮料、体育广告和传媒经营与管理等。

3. 体办产业

体办产业是指体育部门为创收和补助体育事业的发展而开展的、体育主体产业以外的生产经营活动。

体育商品不同的性质是《纲要》对体育产业进行类型划分的重要依据。这一划分标准可以将体育产业分为两大类：一类是可以分为竞赛表演、健身娱乐、体育媒体、体育旅游、体育培训、体育博彩、体育中介、体育康复保健等的体育服务业；另一类是可以分为体育器材、体育服装、体育鞋帽、体育食品、体育饮料、体育建筑等体育配套业。

需要注意的是，《纲要》对体育产业的类型划分既有一定优点，也存在着一定的缺点。具体来说，优点主要表现在两个方面：一方面，其将体育产业的概念与分类突出了出来；另一方面，这一分类方法具有加强的可操作性，对于体育市场的培育和发展是较为有利的。缺点主要在于这种分类是站在部门管理的角度上对体育产业的分割，在此标准下，第一类和第三类产业是体育部门管得着的，第二类则是体育部门管不着的。因此，从这一方面看，《纲要》对体育产业分类的科学性是较为欠缺的。

第二节　体育产业的属性与特征

体育产业具有其本身的特殊属性，同时，也具有较为显著的特征。需要强调的是，我国的体育产业与世界范围内的体育产业在特征上存在着一定的差异性。

一、体育产业的属性

体育产业是在现代市场经济条件下形成的一种产业形态，可以说，体育产业是体育运动由原来自给自足的自为模式向组织化、生产化、消费化和盈利化的产业运营模式转变的产物。体育产业是在市场经济条件下，体育活动组织专门化、参与消费化、运作营利化孕育的新型产业形态。它的外显形式是体育商品的不断涌现，以及体育经营企业的不断扩张。但是判断体育产业属性的关键在于其价值内核，因为价值内核对体育产业的存在与发展具有重要的决定性作用，如果体育产业没有了价值内核，则体育产业将不复存在。由此可以判定体育产业的基本属性只能是隶属于第三产业的现代娱乐业。

另外，在体育相关产业中，体育服装、鞋帽、器材、食品、饮料等大量的实物性商品也存在着，这些是否属于体育产业，则要通过体育产业的概念来判定。首先，体育服装、器材等实物性产品都是围绕体育活动而开展的，二者有着明显的主副关系。体育物质产品的生产经营作为主业配套而存在，并不构成对体育产业本质的否定；其次，世界上所有的国家都将体育服装、器材等的生产和经营排除在体育产业之外，这已经形成了一个共识。很多国外学者认为，判定体育服装、器材等实物产品是否属于体育产业的关键在于使用此种产品的意图和此种产品的最终市场。社会大众使用体育服装、器材等实物性产品的根本意图是进行体育活动，而这些产品最终的市场也属于体育消费市场。由此可以得知，应该将这些体育实物产品归为体育产业一类。

从上述内容中可以得知，在认识与了解体育产业的基本属性时，要本着透过现象看本质的原则进行，不仅要坚持质的规定性，即坚持娱乐业是体育产业的基本属性；还要坚持体育产业上下游之间的天然联系，不能把体育产业只限定在只提供体育服务产品的一维空间。只有这样，才能对体育产业的本质属性有更加深入的了解和认识。

二、体育产业的特征

体育产业有着较为显著的特征，而对于世

界体育产业和我国体育产业来说，两者的特征是有所差别的。下面就分别对世界体育产业和我国体育产业的特征进行分析和阐述。

（一）世界体育产业的特征

世界体育产业的显著特征，主要表现在以下几个方面。

1.商业化程度较高

目前，体育产业进入了一个快速发展的阶段，体育产业已经渗透进社会生活的各个方面、各个行业之中。而体育产业的高度商业化是其发展的主要特征之一。以美国NBA职业篮球联赛为例，NBA是迄今为止最成功的体育经济产品之一。NBA利用多年积累下来的完善的市场运作、成熟的商业理念、全方位的产品包装等将其商业帝国成功地推向全世界所认识。

2. 有着广泛的影响力

随着现代文明病的不断肆虐，人们对体质健康提出了更高的要求，在业余时间大多数人倾向于参加各种各样的健身运动。由于人们可以在体育运动中体验到健康和乐趣，因此世界体育人口的数量呈现出不断增长的趋势。现代体育产业的魅力巨大，尤其体现在商业价值上，它吸引着众多的公司以体育赞助和广告的形式参与到体育产业中来，影响力非常广泛。

3. 有着较高的产业产值

随着现代社会的不断发展，经济水平也逐渐上升到了一个新的高度。随着人们体育活动需求的不断增长，体育产业的产值也在不断地提高。体育产业消耗能源少，环境污染少，符合转变经济增长方式的要求，是一个可以长期存在和可持续发展的产业。

4. 从业人数较多

由于体育产业有着较为广泛的影响，因此，这就促使体育产业成了就业的重要途径，也在一定程度上解决了就业难的问题，因此，具有促进就业的特征。伴随着体育运动的社会化、职业化、商业化，体育产业的国际化程度正在不断加强，体育产业必将在扩大内需、吸纳就业等方面，在国民经济发展中发挥巨大的推动作用。

（二）我国体育产业的特征

我国的体育产业具有体育事业和体育产业之分。具体来说，可以从以下三个方面得到体现。

1. 属性和特点的差异性

体育事业更注重社会效益，具有公益性和福利性，满足社会精神文明的需求是其主要任务。体育产业对经济效益更为注重，具有商业性质。

2. 资金来源方面的差异性

我国现行的财税政策表现为，财政上，事业单位所需资金是由国家财政拨款，企业所需资金是通过自筹或由银行贷款。税收方面，办事业不收税，办企业则交税。

3. 经济性质方面的差异性

事业经济的性质是产品经济，主要是靠行政指令来运行，在其运行机制中，以福利、公益和社会效益为主。产业经济的性质是商品经济，主要是靠市场调节来运行，其运行机制要求以经营为主，并在提高社会效益的基础上不断提高经济效益。

第二章 体育产业的结构与组织

第一节 体育产业结构的基本理论

一、体育产业结构的概念及研究

（一）体育产业结构的概念

体育产业结构是指体育产业内各生产部门之间的技术经济联系和数量比例关系。从这个概念可以看出，产业结构是工业经济的重要研究设施之一，体育产业结构是这个设施的一部分，它既反映了各种体育实物产品和服务生产部门之间在生产技术上相互依赖、相互制约的关系，也反映了各类经济资源（含体育资源）在各部门的配置情况和体育产业总产值的分布情况。

（二）体育产业结构的研究

在体育产业结构中，几乎所有的分支行业都是紧密关联的，而且各个部门之间的关系也非常紧密。这是对各种体育产业的要素和结构之间的联系和作用的明确反映。例如，健身娱乐的发展对体育用品行业的发展产生了积极影响，周边体育产业的发展需要本体论体育产业，体育产业的发展与支持周边体育产业的本体论是分不开的。纵观体育产业的产业链，每个环节都将对整个体育产业的发展产生决定性的影响。所以，为了理顺体育产业的结构，有必要全面分析、研究体育产业结构的各个组成部分和环节，并结合这些要素和环节进行综合研究。研究每个元素和环节需要从两方面来进行——定性和定量。在这个过程中，我们还应该注意不同元素、不同结构，以及相同元素和不同结构之间的相关性分析。

二、体育产业的基本结构形态

（一）体育产业的投资结构

各行业体育产业投资总额的分布称为体育产业投资结构。体育产业投资结构具体包括两种：股票结构和不断增长的投资结构。其中，向上投资结构的固化状态是股票结构。在研究体育产业结构的过程中，投资结构的研究必然是不可避免的。调整投资结构是规范体育产业结构的起点。在投资结构中两种结构类型的调控对体育产业的整体结构产生了不同的效果，具体分析如下：

一方面，对存量结构进行调整是优化体育产业结构的基本内容，具体是指将体育产业内部低效率行业的存量降低，并促进低效率行业向高效率行业流动和重组的实现；另一方面，对增量投资结构进行调整，就会对未来一定时期内体育产业的生产和消费关系、地区分布状况、内部各行业之间此消彼长的关系等情况产生影响，甚至是决定性的影响。不可否认的是，调整增量投资结构是实现存量结构调整的基本手段。

（二）体育产业的产值结构

体育产业的产值结构包括两种类型：外部结构和内部结构。体育产业的发展程度可以从体育产业的外部结构反映出来，而体育产业内各产业的相对地位则可以通过其内部结构来体现。

1.体育产业产值的外部结构

体育产业产值的外部结构是指体育产业总产值在国民总收入中所占的份额。它反映了体育产业的地位和作用。

2.体育产业产值的内部结构

体育产业产值的内部结构是指体育产业总产值在内部各分支行业中的分配比例。它是衡量体育产业内部结构是否协调的一个重要指标，同时也反映出一个国家或地区体育产业的特色。

体育产业和体育是一个有机的整体。具体来说，只有健身娱乐行业得到发展，对体育运动服装、器材的需求量才会逐步增加，体育用品行业才能得到一定的发展；只有当竞技体育行业得到广泛的开展，逐步提高体育竞技水平，才能激发人们对体育的热情，并随着越来越多的体育人才的成长去带动体育、媒体、广告、游戏、赞助商等相关行业的发展。此外，周边产业的发展也将带动体育本体的开发。

（三）体育产业的需求结构

1. 中间需求和最终需求

（1）中间需求是指生产者和商家为了转售，为了进一步加工或制造而进行的购买需求。例如，健身房购买运动器材是运动的中间需求。

（2）最终需求是指全社会的消费者对社会总产品的最终使用或消费。

2. 政府需求和私人需求

根据体育要求的各个主题，体育需求可分为两类：政府需求和私人需求。

（1）政府需求。目前，在大多数国家，政府鼓励体育设施的建设，鼓励体育事业的发展，在这种情况下，政府对体育用品的需求正在逐步形成。例如，组织体育比赛和体育队伍的建立是政府需要的体现。

（2）私人需求。如果体育市场发展成熟，私人需求就是体育需求的重要组成部分。体育需求结构分析是体育发展战略的重要条件，它可以适应体育产业结构，促进体育产业的快速发展。

（四）体育产业的就业结构

在所有行业中，全体员工的分布是所谓的产业就业结构。外部就业结构和内部就业结构是体育产业就业结构的两种类型：外部就业结构指的是在总就业量中，体育产业吸纳的就业人数所占的比例；内部就业结构指的是不同行业在体育产业中所吸纳就业的结构比重。一方面，体育产业的发展离不开最重要的经济资源之一——劳动力，任何行业都需要有足够数量的高素质的人才，在缺乏劳动力的行业，发展将不可避免地受到其影响；另一方面，体育产业本身的需求和技术也会影响体育产业的就业结构，如果公司对体育产业的需求增加，体育产业的就业需求也将相应增加，所需工作量就会减少，并且对劳动力质量的要求就会提高。

三、体育产业结构的特征

（一）整体性

从系统角度而言，系统的结构指的是系统的不同元素之间的联系，如果这些元素分离，那么这种联系就不可能存在。实际上，系统结构和系统元素是不可分割的。我们不能只是简单地将系统结构视为一组简单的元素或元素的融合品。系统结构基本上是不同元素之间关系的总和（如互惠关系、交互等）。系统结构及其运动的本质也是在不同元素的互相影响下形成的。在体系结构的诸多要素中，无法探寻此种体系结构的属性以及运动规律，相对来讲，每个因素的性质和运动取决于系统总体结构的属性和运动规律，其会发挥出限制性的和主导性的功用。

体育产业是集体性的，组成这个集体的因素有两个部分：公众体育活动和体育服务。其都涉及以下活动：在体育产业的各种活动之间的密切联系；不同活动之间的相关性非常强，关系更加复杂；如果体育产业由不同的部分组成，就不会产生很多效果。

正因为体育产业是简单元素的集合，其集体效果是非常强的，所以我们可以看到，体育产业的巨大集体效应是其结构的内在属性。只有充分整合体育产业结构的要素和环节后才能进行全面分析，才能对体育产业结构有一个全面的把握。在整个体育产业结构中，每个要素的生存和发展都依赖其他因素。生成一个元素可能是另一个元素的投入，一个元素的引入也可能是另一个元素的行业目标。从总的角度来看，任何单独的因素都不具备体育经济发展的总体效果。体育产业的整体效应不只是各要素功能的总和，它比每个部分的功能总和要大得多。

（二）自发性

发展和优化产业结构需要保持系统结构的完整性，同时进行有效的转换生成，这就要求产业机构要自律，这是体育产业机构的自发性特征。

体育产业结构的自发性指的是通过体育产业经济体制的内在机制，可以对体育产业的结构进行自发的建设，并促进体育产业结构的完善。体育产业处于不断变化的状态中，这主要体现在其结构、内部要素和外部环境等方面。体育产业经济体系中的每个子系统都在不断地进行自我组织和适应，似乎有操纵这些子系统的"看不见的手"，而"看不见的手"主要是由于各子系统之间的协同作用和竞争而产生的。

（三）转换性

事实上，系统结构的转换是生成系统结构的过程。系统结构的构成或加工功能是系统在其规律的控制下，不断对新材料进行加工和处理，以反映出其自身新结构的能力。这种能力就是系统的转换性。基本上，体育产业的结构问题是资源配置问题。因此，我们可以从资源转换的角度来分析体育产业的结构。换句话说，体育产业通过产业结构的有效运作，不断从外界引进材料、能源和信息，以及在不断地生产和创造各种体育产品方面取得相应的成效，满足社会群体的不同社会需求。体育产业的结构转换是重新调整体育产业内的资源，调整不同部门之间的资源比例，尤其是调整劳动力、资金等行业内不理想的其他子行业的运动。相关产业结构变量促进了产业发展，也促进了体育产业结构的整体优化。

（四）层次性

一般来说，不管是哪一种系统，都可以分解成多个子系统，而且，任何系统都可以与其他系统组合成为一个更大的系统，体育产业体系也是如此。体育产业这个大型系统包括诸多小型系统，其中小型系统还可以细分成更小的系统。

　　体育产业的结构是在各种因素综合作用下形成的，许多因素都会限制体育产业结构的形成。因此，体育产业发展的各个阶段都会出现不同程度的产业结构。从体育产业结构层面分析，体育产业结构体系的特征可以从不同的角度进行发现，这对我们深入研究、认识体育产业的发展现状和结构方向具有重要意义。体育产业的结构水平反映了体育产业结构的优化，这主要是通过分析体育产业结构的属性和质量来实现的。

第二节　体育产业组织的基本理论

　　体育产业组织，是指市场经济条件下市场形成和体现的国内体育产业公司之间的利益关系。其中主要包括交换关系、竞争垄断关系、市场占有关系、资源占用关系等。体育产业组织理论的主要作用是分析体育产业运行过程中的这些复杂关系，发现体育产业内企业关系变化的规律以及对企业经营业绩的影响。产业组织理论是一个由市场结构、市场行为和市场绩效组成的理论体系。作为产业组织理论的体育产业组织理论，还有必要研究内部市场结构、市场行为和体育产业市场表现之间的逻辑关系。

一、体育市场结构

"市场结构"是现代产业组织理论中最基本的概念，它一般是指产业内企业间市场关系的表现形式及其特征。在现实市场中，市场主体之间的关系集中体现为市场的竞争和垄断关系。根据市场竞争和垄断的不同程度，人们一般粗略地把市场结构划分为完全竞争的市场结构、完全垄断的市场结构、垄断竞争的市场结构和寡头垄断的市场结构四种类型。其中，完全竞争和完全垄断是两种极端的市场结构，现实中的绝大多数市场是介于这二者之间的垄断竞争和寡头垄断两种类型。体育产业中绝大多数市场也属于这两种市场类型。

产业组织理论研究的重点是在垄断竞争和寡头垄断市场类型条件下的市场结构、市场行为与市场绩效及其相互关系和政府干预的政策建议。在研究过程中，完全竞争和完全垄断的市场结构、行为与绩效往往是研究垄断竞争和寡头垄断的市场结构、行为与绩效的参照物和出发点。

（一）体育市场结构类型

西方经济学通常将市场结构分为四种基本类型：完全竞争、完全垄断、寡头垄断、垄断竞争。

完全竞争又称为纯粹竞争。在完全竞争的市场结构中产业集中度极低，大量的买家和卖家集聚于市场上，每个买家和卖家参与交易的商品数量是市场商品交易总量中的一个极小部分，每个买家和卖家的市场交易行为都不足以影响市场价格，他们都是既定价格的接受者，而非决定者或影响者。完全竞争市场上产品的同一性很高，产品具有完全的可替代性，所以任何卖家都不会主动降低价格以增加销售量。在完全竞争市场中不存在任何进入和退出壁垒的问题，资源流动程度很高。完全竞争的市场信息非常完整。经济学家普遍认为，完全竞争的市场只是一种理想的市场。在现实社会中，只有农产品等一些作物才接近这种类型的市场。

完全垄断是与完全竞争相对的另一种极端的市场结构类型。在完全垄断的市场中存在百分百的产业绝对集中度。也就是说，所有产品都是由一家企业提供的。完全垄断厂商所提供的产品没有直接的替代品。由于存在最低资本规模、技术独占、专利和版权等法律上的特许经营权，以及完全垄断企业所采取的防守性策略等方面的壁垒，使得任何一家其他的厂商都无法进入完全垄断产品的生产和销售中。完全垄断市场同样是一种少见的市场类型。

寡头垄断是由少数大企业共同控制着大部分某种产品的生产和销售的市场结构。在寡头垄断市场中，由于大部分产品的生产和销售是由少数几家大企业控制的，每一家企业的产品都有很高的市场份额，所以产业集中度很高。寡头垄断企业所生产的产品有两种情况：一是产品具有较高的同质性，寡头企业之间存在战略依存关系；二是产品有较大的差异性，彼此相关程度较低。由于产业内的少数大厂商在资金、技术、生产规模、销售规模、产品知名度、社会影响力、销售渠道等方面占有绝对优势，所以新厂商很难进入这个行业的生产和销售当中。当然，由于投资规模和生产规模巨大，要想从这个市场中退出也是很困难的。寡头垄断是一种现代市场经济中比较普遍的市场结构类型。

垄断竞争另一种在现代市场经济中普遍存

在的市场结构类型，也是一种比较接近于现实的市场结构。垄断竞争的市场结构中企业数量比较多，每一家企业的市场份额比寡头垄断的企业要小得多，因而单独一家企业很难对整个市场产生实质性影响。与完全竞争市场的企业不同，垄断竞争市场的企业生产的是差别产品。由于垄断竞争市场企业的规模都比较小，所需的投资规模自然也比较小，而且技术门槛比较低，所以企业进入和退出壁垒都比较容易打破。

当体育逐步市场化以后，体育作为一种产业将与其他产业一样，按照产业发展的内在规律运行。首先，体育企业要以利润最大化作为企业经营的基本目标。除了各级政府提供的公共体育产品以外，其他所有由企业提供的体育产品都属于商业体育产品。生产商业体育产品的企业，追求利润最大化是其根本性的利益动力机制。如果一家体育企业不能通过经营体育产业而获得最大化的利润，该企业理性的选择将是退出体育产业，把所拥有的资本和劳动转移到有利可图的产业中去。既然体育企业以利润最大化作为企业经营的基本目标，自然会根据市场供给和需求的关系确定产量和价格，不断进行技术创新和成本优化以保证在激烈的市场竞争中处于有利地位。其次，体育产业内部的企业基于企业内外部条件总是处于不同的市场结构之中。那么，体育企业的典型形态就主要是各种职业俱乐部、商业俱乐部、休闲健身中心、不同层次赛事组织者等，这些企业分别属于不同的市场结构，所提供的体育产品的统一程度也各不相同，进入不同市场结构的困难程度也不一样。而且，所有体育企业都试图通过提高产品差异化程度来维持一定程度的垄断，也试图提高投资率、拥有先进的设备和技术、实施一些战略障碍等来阻碍其他竞争者进入。从国内外体育产业的发展来看，体育产业市场结构分为三种：垄断竞争型市场结构、完全垄断型市场结构和寡头垄断型市场结构。

1.垄断竞争型市场结构

垄断竞争型市场结构是一种低度垄断的、相对竞争的市场结构。这种类型的市场结构在体育产业中比较常见。在垄断竞争型市场结构中，企业的主体是大量的小企业，其中包括各类商务会所和社区体育组织。商业俱乐部是私人投资公司，它的目标是最大化参与大多数体育消费者提供的体育活动的利润。各类型的商业俱乐部在每一个城市都有比较广泛的分布，它们所提供的体育消费项目既有差别产品，也有无差别产品。它们为拥有更多的体育消费者而展开激烈的市场竞争。例如，它们可能运用各种标准化、优质化服务以及专家讲座、会员联谊、业余比赛、附加消费等方式不断培养出体育消费者，扩大市场的范围，提高企业的盈利能力；它们也可能通过政府部门的行政权力获得一些特许权、运用广告投入等方式构筑策略性壁垒，不断提高产品的差异化水平等措施来形成市场进入壁垒。但由于这些企业规模小、产品技术含量低、企业能力有限，因此进入和退出这些市场的障碍不仅很好破除，而且维护时间很短。所以，在一般条件下，新体育公司可以轻松进入这些市场，并与现有竞争者有效竞争。

对任何一个国家来说，体育产业发展的目标是多样化，但其最根本的目的是为了提高人民的身体素质和幸福感。在现代社会中，政府的职能是有限的。政府可以依靠资金，以确保所有的公民享有一定量的体育产品和服务，但不能满足体育人的不同需求。垄断竞争型市场结构中的体育企业尽管主观愿望和经营目的是追求最大化的利润，但它们必须通过为居民提供高质量的、多样化的体育产品和服务来实现其经营目的，客观上为提高国民素质和增进国民福利也做出了贡献。由于商业俱乐部的性质是私人的或混合经营的，其业务受到严格的市场限制，提供的体育产品一般根据市场需求组织决定，因此比政府机构更有效率。

从国外情况来看，在具有高国家健康指数和高国民福利的国家，不同类型的商务会所都很完备，人民的参与程度也会很高。商业俱乐部实际上承担了政府应该承担但又无力承担的职能。商业俱乐部的广泛发展在发达国家真正实现了政府、商业俱乐部、居民个人之间的三赢：政府方面，国民的身体素质得到提高，国民福利水平有所增加，同时，体育产业成为国家经济发展的新增长点和发动机；企业方面，从事了一个有远大发展前景的朝阳产业，实现了利润最大化的经营目的；居民个人方面，满足了多样化的体育需求，身体更加健康，精力更加充沛，精神更加愉悦，福利水平得到显著提高。

由具有共同爱好、兴趣的人们以缴纳会费和接受赞助的方式组建起来的一种非营利组织，其就是所谓的会员制的社区体育组织。会员制的社区体育组织的管理者通常是专业人士或志愿者，成员的数量具有相对严格的限制。会员制的社区体育组织也有一定程度的垄断和竞争的特点，能否筹办高质量的体育活动并形成品牌，决定着其能否拥有高水平的会员和能否得到更多的资金支持，当然也决定着其发展的前景好坏。不同会员制的社区体育组织之间会因吸引高水平会员的加入和筹措足够的活动资金而展开竞争。但是，会员制的社区体育组织在市场经济方面不是体育产业组织的主要形式，而是一种对商业型体育俱乐部等主导形态的有利补充。

2.完全垄断型市场结构

体育市场结构的垄断是市场的一个非常现实的结构形态。在现代体育产业发展的过程中，体育组织在特定地区完全支配体育消费品的生产和销售的情况很多。例如，国际奥委会已经完全垄断了奥运会的所有权利，包括项目和规模的设置、地点和时间的选择、各项收益的处置等。国际专业体育组织，如国际足球联合会、国际排球联合会、国际田径联合会等完全垄断了各种各样的国际体育赛事。一些在世界上非常著名的体育赛事，如德甲，意甲、英超，美国的篮球赛事 NBA 等，同样被本国的特定体育组织所垄断。

由唯一体育组织垄断某一个单项体育赛事，形成完全的市场进入与退出壁垒，排除一切可能的竞争者，保证高额的垄断收益，是完全垄断型市场结构最为典型的特征。《奥林匹克宪章》是一部关于奥林匹克运动行为规范的国际体育法规。它对现代奥运的诞生、奥林匹克主义和奥林匹克运动的概念、宗旨、目的、任务和活动内容及其相关事项做了相应的原则规定。其内容涉及国际奥委会的权力、职能、成员、会议和奥林匹克活动中的有关周期、产权、标志、会旗、会歌、格言、徽记和火炬等方面的规定，明确规定了国际奥委会拥有关于奥运会的一切权利。例如，它规定国际奥委会可以使用奥运权利进行业务操作，这将给国际奥委会带来巨大的垄断利润。国际奥委会收入的 48% 是通过出售电视转播权获得的。单单悉尼奥运会，国际奥委会就通过出售电视转播权获利 13 亿美元。国际奥委会从 1985 年开始实施一项吸引世界知名企业赞助奥林匹克运动的 TOP 计划。这个计划规定，要从全球各类产业中分别挑出一家最知名的且出资超过 0.4 亿美元的企业作为国际奥委会的全球赞助商。目前，通过这项计划的实施所获得的赞助收入已经达到国际奥委会全部收入的 35% 以上。国际奥委会还明确规定，任何希望在其产品或商业活动中使用"五环"标志的公司必须购买该标志的使用权，否则，这就是严格禁止的。通过销售标志"五环"，国际奥委会已获利总收入的 8% 左右。

在完全垄断的体育市场，体育组织在不同的领域都是独一无二的、完全排他的。无论是规模最大的奥运会赛事，还是足球世界杯赛、各个单项的国际赛事、洲际赛事以及各个国家的职业体育赛事，都毫不例外是属于唯一的体育组织指导和管理的，没有其他组织或个人可以干涉相关事务；访问和发布这些活动也有非常严格的规则和程序，否则将予以严惩。

3. 寡头垄断型市场结构

寡头垄断型市场结构同样是一种广泛存在的体育市场结构类型。从主要业务主体的角度来看，体育产业可分为竞技体育、体育广告、体育彩票、体育娱乐、体育建筑、体育旅游和体育用品。其中，体育用品业、体育广告业、竞技体育经营业最具有寡头垄断特征的。竞技体育经营业在美国收入最高的是拳击、橄榄球、棒球、篮球等体育活动，其赛事基本上也是由为数不多的几家公司垄断经营。在体育广告业中，大型赛事的广告经营主要由四五家大型广告公司所控制。

提供体育服务产品的竞争性行业，其寡头垄断的特征是非常明显的。首先，虽然个别体育竞赛市场是由一个完全垄断的体育组织控制的，也有不同的垄断组织，并保持在同一地区之间的市场竞争。在同一个地区，属于不一样的垄断组织控制的体育赛事可能在大致相同的时间举办，现场观众、电视观众、电视转播组织、赞助商、赛场广告发布申请人都有着充分的选择权。为了就相关问题形成协议，垄断组织之间需要就竞争时间、电视广播的时间和频率以及场地广告等问题进行谈判。由于寡头们的竞争在许多时候是恶性的、有巨大破坏力的，因此为了避免双方的损失，寡头们经常坐下来讨论与比赛时间、电视广播的时间和频率以及体育场的广告有关的问题，从而形成关于此事的沉默协议或协议。例如，属于同类比赛的欧洲的西甲、英超、德甲、荷甲、意甲等，属于不同比赛项目的美国的橄榄球、篮球、网球、棒球等职业赛事，都存在以上方面的竞争问题。其次，每个体育垄断组织都对其控制的体育赛事拥有高度垄断权。比如，它们有权利制定竞争规则，确定赞助条款和赞助的费用，以确定电视转播权价格和发行权竞争收入，以及标志产品和特殊产品等特定项目的实施；它们还专门设立比赛纪律处分机构，对违反规定的参赛者按一定程序采取取消资格、禁赛、罚款等各种不同程度的措施进行处罚和制裁；它们也建立专门的仲裁机构对比赛过程中发生的争议或争端进行仲裁。经过不断地探索和调整，每个体育专卖组织都创造了一个非常完善的运作机制，形成了一个非常独立的"体育王国"。寡头垄断市场有一定的进入和退出壁垒，基本的寡头垄断市场形成后，任何组织或个人都很难进入或插手现有的体育组织。例如，1998年，米兰媒体合作公司与英格兰利物浦队、意大利尤文图斯队、AC米兰队酝酿组织欧洲足球超级联赛，试图摆脱由欧洲足联主办的冠军杯、优胜者杯、联盟杯三大赛事，受到国际足联、欧洲足联等方面的强烈反对而中途夭折。这个案例说明，一旦创建了一个寡头垄断的市场，几乎不可能允许其他组织和个人进入。当然，新的体育公司要进入这个市场，主要取决于已有寡头垄断组织力量是否强大和试图进入的新的体育公司是否有足够的组织实力。

（二）决定体育市场结构的因素

工业经济认为，市场集中度、产品差异化、进入和退出壁垒、市场价格的需求弹性、市场需求的增长速度和短期的成本结构共同决定了市场结构。而市场集中度、产品差异化和市场进入壁垒与退出壁垒进是影响市场结构的最重要因素。在讨论决定体育市场结构的因素时，我们也主要关注这三个方面。

1. 市场集中度

市场集中度是用来表示一个特定的行业或

市场结构和相对比例卖方或买方的数量指标。市场集中度可以反映垄断和集中在特定的行业或市场的程度。产业组织理论认为，市场集中度是影响市场结构的主要因素。买方集中现象通常只发生在某些特定行业。因此，当人们研究市场结构时，主要研究零售商的集中度。

市场集中程度取决于许多复杂因素，如公司规模、市场容量规模、行业壁垒高度以及横向并购的自由度。通常人们认为，公司的规模和市场容量是决定市场集中度的主要因素。首先，如果一个行业的市场容量保持不变，一些公司的比例越高，市场集中度就越高。简单来说，扩张公司有内在的冲动。为了实现规模经济，公司尝试降低单位产品的销售成本，扩大生产规模，增加市场份额，在行业中形成一定的垄断力量，从而为获取垄断利润创造条件。公司规模的扩大经常被公众看作企业家能力优秀的标志，扩大公司规模将成为企业家的积极追求。技术进步是企业规模扩大的重要推动力。技术进步的突出表现是新的机器设备、新的生产工艺的使用，这使得生产效率大大提高，企业规模也因此而迅速扩大。特别是在一定的时间期限内独家技术进步很可能使公司的规模扩大，加快公司的成长。尽管为了保持经济的活力，许多国家都会制定反垄断法，对大规模的企业联合和兼并行为进行限制。但是，经济全球化使每一个国家的企业都面临着不同国家同类企业的竞争，为了提高国内企业的国际竞争力，政府应该放松对企业并购的限制，甚至采取措施建立具有较强竞争力的巨型跨国公司。其次，市场容量的变化会影响相反方向的市场集中度。通常情况下，当市场容量减少或没有改变时，大公司会试图加强并购以获得更大的市场垄断力量来取得更多的收益。相反，市场容量增长将有助于降低市场集中度。当然，当市场容量扩大，大企业都处于竞争的优势地位时，往往会获得扩张的最有利时机。如果市场容量的增长速度比大企业高，那么市场集中度可能会减少。这就导致了市场容量的变化在很大程度上取决于经济发展的步伐、居民收入水平和消费结构的变化以及国家的宏观经济政策。

运用市场集中度原则对体育市场结构进行分析就会发现，体育市场集中度呈现两个主要特征：

一是竞技体育经营业、体育用品业、体育广告业市场集中度高于大多数产业部门的市场集中度。竞技体育经营业基本形成了完全垄断的市场结构和寡头垄断的市场结构，在大部分赛事组织上是由一家赛事组织机构完全控制或在区域范围内由几家赛事组织机构分别控制，因而市场集中度可以达到 100%。体育用品业市场集中度也非常高。从美国商务部的有关资料来看，美国体育用品市场 70% 以上的份额是由四家最大的体育用品企业所控制。而在其他产业部门，除了极个别部门外，绝大多数部门四家最大的企业所控制的市场份额都低于 70%；即使垄断程度很高的石油部门，四家最大的企业所控制的市场份额也不足 40%。而体育广告业中大型赛事的广告经营主要由四五家公司控制。

二是体育、休闲和健身市场的集中度非常低。运动休闲市场的典型特征是客户的要求多样且复杂，少数公司很难满足具有不同需求偏好的大量体育消费者的需求。在这样的市场中，企业只能进行严肃的市场细分，结合体育人口的空间分布，选择最有利的商业方向，并确定操作和企业的位置的最佳水平，否则便难以生存和发展。体育休闲健身市场的特点也决定了大资本不可能进入这一领域，其结果是，这个市场的集中度在一个非常低的水平。

2．产品差别化

市场集中度可能不能完全反映垄断与行业组织的竞争程度，因为产品差异化程度是非常重要的，即使市场集中度较高，也会显示激烈竞争的特征。

产品差异意味着，当公司向消费者提供产品时，通过各种方法创造出引发消费者偏好的特异性，以便消费者能够有效地将其与其他竞争性公司提供的类似产品区分开来，从而在激烈的市场竞争中取得一定的优势。通过对产品差异化战略的实施，影响消费者的购买行为，并创建消费偏好和忠实选择这些产品。产品差异化形成的途径特别多，主要包括加大研发力度以便及时优化产品的结构、功能和质量，设计产品的独特外观，提供更具体、高质量的服务，利用不同的分销渠道或新的独特的广告进行促销活动。产品差异化的核心就是形成可区别性和不可替代性，市场结构将逐渐向垄断竞争的市场结构发展。最终，这也会导致寡头垄断和垄断市场结构。产品差异化市场结构的直接影响主要有两个方面：一是公司可以维持或提高自身的市场份额和市场集中度，扩大产品差异化的规模，上位企业的垄断程度得以维持或提高，即使规模较小的下位企业也会因此改变自己在整个行业中的地位；二是现有企业产品差异化战略的实施可以培养消费者的偏好和对公司产品的忠诚度，这实际上给新公司试图进入市场制造了一定的障碍。

体育产业作为一个重要的产业门类，同样存在着产品差别性问题，并且有着自己的特点，这就是体育产业的特殊性。从竞技体育经营业来看，不同赛事组织者提供的体育服务产品是有差别的，如足球世界杯与奥运会就在内容和形式上有着许多不同，从而形成差别，但这类赛事有一定程度上的替代性关系。所以，国际奥委会与国际足联通过协商把比赛时间和比赛地点进行调整，避免双方对体育消费者的争夺。欧洲三大足球赛事之间尽管存在差别，但同样存在较高程度的替代性关系。此外，处于同一联赛的俱乐部，为了争夺观众和电视转播权的销售，也会采取多种多样的产品差异化策略，如引进超一流体育明星加盟、组建表演水平很高的啦啦队、营造个性独特的赛场环境和热烈的气氛、提供消费者的附加消费等，保证更多特色性的产品，从而提高产品的差别程度和市场的集中度。

相对于竞技体育经营业市场来说，体育休闲健身市场的产品差别程度要高很多。原因是体育休闲健身产业所面对的消费者数量庞大，并且消费者的兴趣各不相同，居住不集中，喜欢就近消费。这就要求必须满足不同消费者多样化的需求，提供不同的体育休闲健身产品。例如，我国东部发达地区的体育休闲健身企业提供的体育休闲健身项目要达到 20 种以上，而且每年都会有一些新的项目被开发出来，以供消费者消费。

3.市场进入壁垒与退出壁垒

根据产业经济学的分析，市场进入壁垒和退出壁垒考察了新企业与原产业企业之间的竞争关系，以及新企业进入市场后市场结构的调整和变化。市场进入壁垒和退出壁垒反映了特定市场潜在的、动态的竞争和垄断程度。所谓进入壁垒，指的是在和之前的企业进行竞争的过程中，新的或潜在的企业遭遇到对其不利的因素。这些因素主要包括组织进入、政策法律制度、产品差异化、规模经济、绝对成本优势。其中，绝对成本优势指的是基于固定产量，相较于新的或潜在的企业来讲，当前既有企业可以用较低的成本生产出相同的产品。因为原企业成本低，新企业进入市场后，与原有企业相比，处于竞争劣势。原企业的绝对成本优势主要来源于对优良生产技术的控制。优先获取先进的稀缺资源的能力，包括管理能力以及从供应商获得更优惠价格的原料等投入要素的能力。规模经济壁垒使新企业在竞争中处于劣势地位，比原有企业生产成本要高很多，原因是新企业进入某一产业初期时很难形成规模经济。在产品差别化程度较高的行业中，构成进入壁垒的一个更为重要的因素就是产品差别。经过长期努力的原有企业已经形成有较高知名度和美誉度的品牌，拥有具有很高忠诚度的消费者群，新企业若想突破产品差别化壁垒，从原有企业那里争取到消费者，就要付出很高的销售成本。政府的政策与法律同样会构筑新企业进入的壁垒，如政府给予原有企业的进出口许可证、差别性的专利制度和税收壁垒以及政府制定的产业规模控制政策都会成为新企业进入的壁垒。另外，阻止新企业进入的还有在寡头垄断行业中寡头们所实施的利润率控制措施，以及针对新企业制定的歧视性价格等方式和行为。

退出壁垒是指企业难以退出某一产业部门的情况，无论是主动的还是被动的。退出壁垒主要由资产的专用性、沉没成本、解雇费用和政府政策法规限制。一般情况下，资产的专用性越强，沉没成本就越大，而企业就越难以退出。企业如果要退出某一产业部门，就必须解雇相关工人，所以必须支付数额巨大的退职金、解雇工资；即使继续留用工人，也要支付相当数量的转岗培训费用。为了阻止其退出，一些公用事业部门、特许经营部门会被政府制定的特殊政策法规加以限制。

体育市场的进入壁垒和退出壁垒有两种极端的情况存在。体育赛事市场是进入壁垒和退出壁垒都很高的市场，而体育休闲健身市场则是进入壁垒和退出壁垒都很低的市场。体育赛事市场的寡头垄断市场结构特征和完全垄断的市场结构特征主要是通过很高的市场进入壁垒和退出壁垒体现出来的。详细的章程和各种规则是所有的具有重要影响的赛事组织机构必不可少的，并制定了严格的限制进入和退出体育赛事市场的规定。所有的成员组织和运动员必须严格遵守这些章程和规则的要求，否则将会受到严厉的惩处。对成员单位而言，如果违背了有关规定，将会受到取消会员资格、停止各种活动、断绝经费支持、处以巨额罚款等多种形式的惩处；运动员如果违背了有关规定，也会受到停赛、禁赛、终身禁赛、罚款等形式的处罚。可见，无论是成员单位还是运动员，想中途退出都是十分困难的，坚决退出则会面临很高的风险。体育休闲健身市场跟其他大众服务业相似，企业数量多、规模小，企业自身难以设置进入壁垒，政府的产业政策往往又是持鼓励态度，所以，这类市场的进入壁垒和退出壁垒非常低。

二、体育市场行为

体育市场行为，是指体育企业和体育组织为了实现最大的利润目标或者更高的市场份额，而采取的适应市场供求关系变化的战略决策行动。体育市场结构的现状和特点将制约体育市场的行为，而体育市场的行为将影响和改变体育市场结构的状态和特征。一般来说，寡头垄断市场的竞争行为是体育市场竞争行为的主要研究对象。

（一）体育市场的竞争行为

体育市场的竞争行为主要有定价行为、广告行为和兼并行为。

1. 定价行为

由于体育组织或体育企业的市场定价行为目标的不同，其所采用的定价方式也会有较大差异。如果体育组织或体育企业的目标是实现利润的最大化，可能主要采取成本加利润的定价模式、价格领先制定价模式；如果体育组织或体育企业的目标主要是追求更高的市场占有率，则主要采取降价策略为主的竞争性定价模式。

在体育市场上，如果市场竞争程度不高，许多企业都会采取最为简单的成本加利润定价模式。成本加利润定价法就是在平均成本的基础上加上一个预期利润水平的定价方法。这种定价方法的计算方法非常简单。如果市场竞争不够激烈，市场供求关系又比较稳定，通过实施成本加利润定价法，企业就能够获得预期的利润水平。但是，这种方法又是一种单边的主观定价行为，在激烈竞争的市场环境中，有可能会完全失效。例如，体育休闲健身市场在许多地方一旦发展起来，由于企业提供的产品具有较高程度的替代性，为获取更大市场范围所进行的市场竞争就会非常激烈，其中价格竞争是最主要的竞争手段之一，此时，成本加利润的定价方法就很难适应这种市场环境。

价格领先制定价模式是寡头垄断的市场的主要定价方式。在体育市场上看，价格领先制的实施主要是由一家体育企业或组织首先调节价格，其他体育企业或组织则跟随领先企业或组织相应地采取行动。价格领先制也有多种具体的定价模式，如主导企业定价模式、串谋领导定价模式、晴雨表型领导定价模式等。

主导企业定价模式一般是由规模最大、市场份额最高或社会影响力最高的企业首先确定价格，其他企业自愿跟随或者被迫跟随来确定自己的价格。例如国际奥委会和国际足联由于其所拥有的绝对权威和广泛的社会影响力，使其所确定的比赛门票、赞助费门槛等就能对相应的洲际比赛及各个国家的大型比赛的门票、赞助费门槛产生决定性的影响。

串谋领导定价模式是几家规模很大，实力和社会影响力相当的企业通过串谋共同确定价格，其他企业跟随确定价格的模式。例如国际奥委会、国际足联等国际体育组织之间都会采取串谋的方式来确定比赛时间、门票价位、赞助费门槛等。

采取晴雨表型定价模式的情况主要出现在市场集中度比较低、竞争相对充分的市场上。在这种情况下，首先是由对市场条件变化更具有敏感性和预测能力的领导企业进行价格调整，其他企业以其对领导企业的信任程度为基础，对自己的产品价格做出相应的调整。由于企业规模比较接近，所以企业之间的行动协调比较困难，这就使得这种模式具有不稳定性。

以要追求更高市场占有率为目标的竞争性定价模式，根本方法是降低价格，但因具体目的不同所以又有掠夺性定价、限制性定价两种方法。

掠夺性定价也叫作驱逐对手定价，是指某一企业为了把对手挤出市场或逼退潜在的竞争对手所采取的降低价格的策略。在体育产业成长过程中，特别是竞技体育经营业以外的体育产业门类，一些具有较强实力的企业为了提高自己在特定区域市场中的产业集中度，逐步形成垄断地位，往往会采用这一策略性的定价行为。掠夺性定价策略有三个主要特征：一是掠夺性定价策略具有暂时性。一旦竞争对手被驱逐出市场，企业会很快恢复较高的价格——任何企业都不会在承担亏损的情况下向市场提供产品。只要竞争对手退出市场竞争，企业就会立即把价格提高到足以获得经济利润的水平以上。二是掠夺性定价策略的实际目的是缩减供给量而不是增加需求量。只有把竞争对手挤出市场，企业才能实现较高的产业集中度，才能确定具有垄断性的产量和价格，并保证企业获得最大化的利润。三是采取掠夺性定价策略的企业都是具有实力的大企业。在实力差别很大的企业之间容易发生掠夺性定价行为。因为实行这一策略大企业也要在短期内承担一定的损失，所以大企业更愿意通过兼并手段来消灭竞争对手。除非兼并成本过高，或者小企业愿意鱼死网破地对抗时，大企业才采取这一措施。

限制性定价也叫作组织进入价格，是指企业把价格定在获取经济利润，同时不会引起新企业进入的水平上。对潜在企业而言，当面对这一价格时会认为进入这一市场只能引起价格下降而失去利润空间，所以投资于该领域没有实际意义。企业采取限制性定价策略的直接目的就是阻止新企业的进入，实质上是一种牺牲部分短期利益以追求长期利润最大化的行为。因此，限制性定价策略与掠夺性定价策略一样，都不是企业长期定价的策略行为。不同的是，采取限制性定价策略的企业在短期内仍然有一定的利润，而采取掠夺性定价策略的企业要在短期内承担一定程度上的亏损。限制性定价策略所定价格的高低要受到市场进入壁垒的程度和规模经济的影响。一般来讲，市场进入壁垒的程度越高，限制性定价策略所确定的价格就会越高，因为市场进入壁垒已经在很大程度上阻止了新企业的进入，这时就没有必要用很低的价格来强化进入壁垒；反之，如果市场进入壁垒的程度很低，要阻止新企业的进入必须按平均的，甚至是更低的利润水平定价。当规模经济成为主要的市场进入壁垒时，企业在制定价格时，一要考虑让没有达到一定规模的企业无利可图，被迫退出市场；二要适当地增加产出，尽可能减少新企业能够得到的市场份额，使新企业因市场份额不足而无法进行规模经营，导致成本上升，最终退出市场。

除了上述价格策略以外，体育组织或企业还会实施价格歧视策略，以达到提高市场占有率、获取更高利润的目的。

价格歧视也称为差别价格，是指企业针对不同的消费者制定不同的价格。价格歧视又可分为一级价格歧视、二级价格歧视、三级价格歧视三种类型。

一级价格歧视也称为完全价格歧视，是指企业对其所销售的每一单位产品都向消费者索要最高的可能价格。一级价格歧视对企业来讲应该是最为理想的情况，但只有在销售者与消费者进行单独的、一对一的销售谈判中才能实施，对体育组织或者体育企业来讲是根本无法实现的。

二级价格歧视就是企业按照消费者购买商品的数量来确定价格。这种情况相对会比较普遍。体育组织和企业也可能实行二级价格歧视，如健身俱乐部实行的会员价格和非会员价格的区分，一些大型联赛实行的全赛季票价和单场票价的区分，都是典型的二级价格歧视。

三级价格歧视，是指企业把市场分成两个或多个不同的子市场，同一种商品在不同的子市场按不同的价格进行销售。三级价格歧视的条件一是市场分割，二是需求弹性不同。对体育市场而言，这也是一种常用的价格策略。例如NBA联盟在不同国家推广NBA时，对发达国家和不发达国家就执行了不同的票价。一些体育休闲企业在其他城市建立分支机构并进行市场推广时，也可能根据这些城市居民的收入水平采取低于原有城市价格水平的市场价格，以吸引更多的体育消费者进行消费。

2．广告行为

广告行为是企业普遍采用的非价格竞争行为，它是向消费者提供产品信息，引入产品功能，引导消费者购买的行为。广告通常分为信息性广告和劝说性广告：信息性广告主要是为消费者提供产品的价格信息、产品的功能和特点、销售的地点和方式、售后服务等；劝说性广告主要是为了使消费者建立起产品差别性认识，并形成对产品的良好感觉，从而影响潜在消费者的消费决策。

企业的广告行为能够对市场结构产生普遍的影响。首先，企业的广告行为能够促进消费者对企业所提供产品差异性的认知。广告是企业向消费者传递产品差异性信息的最重要的手段和途径，企业可以通过广告中的有效诉求，让消费者切实认知其所提供产品的与众不同，以便把这些产品与其他企业提供的竞争性产品区分开来。其次，企业的广告行为可以增强进入壁垒。消费者的主观喜好和对自己所提供产品的忠诚度能够被企业大量的广告投入所造成一定影响，从而提高企业本身和其所提供产品品牌的知名度。当一家企业通过比较系统的、持续的广告运作，使企业和特定产品成为一种在一定区域范围内文化、质量、消费档次的象征时，企业广告的投入实际上就成了一笔巨大的无形资产，潜在的市场进入者要在这种情况下进入该市场，从原有企业手中分得一部分市场份额，就必须投入更多的广告费用以克服原有企业已经形成的商誉，这无疑使其在竞争中处于劣势地位。由此来看，企业的广告行为是产业内部不同企业之间市场份额差距扩大和市场结构发生变迁的重要原因。

在体育市场上，企业的广告行为既具有所有企业广告行为的一般特征，也具有自己的特殊性。除了竞技体育经营业以外，其他体育产业部门的广告行为符合企业广告行为的一般特征，只是这些体育产业部门的广告能够更多地利用名人效应和赛事效应。例如，体育服装鞋帽制造企业，或者签约一些国际级别的受到人们普遍喜爱的体育明星作为代言人，或者会作为赞助商在一些重大的国际比赛赛场、世界著名的联赛赛场进行产品推广，以极大地增加产品品牌的知名度和产品销售量。

体育市场上比较容易的是竞技体育经营业的广告行为。一是大型体育赛事既需要通过广告进行广泛的宣传，又会成为其他企业广告宣传的载体。这个特征是生产物质产品企业的经营活动根本无法具备的。大型体育赛事的组织者为了吸引更多的体育消费者观赏体育比赛，就必须对赛事进行广泛宣传以取得最大化的利润。体育比赛一旦举行，马上会成为现场体育观众和电视观众关注的焦点，所以许多大型企业为了获得赛场广告权，宁可重金资助体育赛事。对电视观众来说，精彩、激烈的体育赛事有着巨大的吸引力，这又是电视台插播广告的最好机会，所以为了电视转播权，电视台会不惜重金购买赛事的转播权。因此，竞技体育经营业的广告行为实际上是在与广告媒体的商业合作中实现的，而不需要投入巨额的广告费用。

体育赛事组织机构最重要的工作是提供最为精彩的赛事并对媒体企业进行销售推广。二是大型体育赛事往往会得到政府的高度重视和支持。大型体育赛事被许多国家或者城市当作宣传自己国家或城市的一个重要平台和名片，甚至会当作拉动相关产业发展的重要动力，所以政府也会利用自己的宣传工具和手段为这些赛事进行广泛的宣传。这就大量节省了赛事组织机构的广告成本。三是大型赛事一旦被广大体育消费者所认可并形成在全社会有广泛影响力的品牌，每一个体育消费者事实上也就成为一个广告宣传者，这也就降低了大规模广告宣传的必要性。尽管如此，任何体育赛事也都需要体育赛事组织机构运用多种广告形式进行赛事推广，这还是要支付一定的费用的。

3. 兼并行为

兼并行为是指两个以上的企业在自愿的基

础上依据法律规定，通过订立契约而结合成为一个新的企业的组织调整行为。由于企业兼并行为使市场集中度能够得到较大幅度的提高，市场进入壁垒的程度有所增加，所以兼并后的企业能够获得更为强大的市场支配力量并导致垄断的出现。所以，人们一般认为以企业兼并为主的企业组织调整行为是对市场关系影响最大的市场行为。

企业兼并行为有横向兼并、纵向兼并、混合兼并三种类型。

横向兼并也叫作水平兼并。实行兼并的企业属于一种产业，生产一类产品或处于一种加工工艺阶段。在体育产业内部，横向兼并经常发生，如许多著名的体育用品生产企业都是在不断合并生产同类产品的其他企业的基础上逐步成长起来的。在竞技体育经营业中，横向兼并相对要少一些，但也时有发生，如NBA联盟中的许多球队就兼并过低一层次的球队。

纵向兼并也叫作垂直兼并。实行兼并的企业之间存在前向或后向的联系，分别处于生产和流通的不同阶段。这种兼并方式在竞技体育经营业中比较普遍，一些体育用品或体育设施制造企业对职业俱乐部的兼并，一些著名的职业俱乐部对体育用品零售企业的兼并，都属于这种类型。

混合兼并也叫作复合兼并，是指属于不同产业，生产工艺上没有联系，产品完全不同的企业之间的兼并。例如，英国著名的胶片生产公司 API 公司对美国 DC 联队的收购，英国投资公司对苏格兰、意大利、捷克、希腊、法国等国家足球俱乐部的收购，都属于这种类型。

现实的体育市场上的企业兼并行为在许多情况下是难以区分属于哪一种类型的。20 世纪 90 年代以来体育市场上掀起的企业兼并浪潮，也说明了体育市场上的企业兼并行为同样具有高度的复杂化特征。

（二）体育市场的协调行为

体育市场的协调行为，是指体育市场上的体育企业或组织为了某些共同的目的而采用互相调节的市场行为。在体育市场上，有两种最基本的市场关系——竞争和合作。在很多情况下，体育组织之间、体育企业之间会因各自的利益而展开激烈的竞争，但为了避免由于过于激烈的竞争而导致两败俱伤的局面，它又不得不相互妥协以达到对各方都有利的目标。体育市场的协调行为并不是体育组织之间或企业之间通过艰苦的谈判达成协定或契约来实现的，一般采取的是共谋的形式。这主要是因为除了竞技体育经营业以外的其他产业领域在许多国家都要受到反垄断法规的约束。体育市场的协调行为主要有价格协调和非价格协调两种形式。

　　体育市场上的价格协调行为，是指体育组织之间或体育企业之间就其所提供的产品的价格决定问题相互协商并采取共同行动。体育市场上的价格协调行为比较典型的有卡特尔的形式。在存在寡头垄断市场结构的体育市场上，任何体育组织或企业的收益不但取决于其自身的决策和行动，而且要受到其他体育组织或企业决策和行动的影响。卡特尔就是以限制竞争、控制市场、谋求最大化的利益为目的的体育组织或企业，通过共谋或串谋的形式进行的一种价格协调行为。例如，国际奥委会与其他国际体育组织之间就电视转播权、赛事标志使用权等无形资产的价格进行磋商并形成默契，实际上就是卡特尔。区域性的体育垄断组织或企业也会以卡特尔的形式就赛事门票的价格、服务的价格、设施使用的价格、电视转播权和标志使用权的价格等进行磋商和串谋，并达成一致性的意见。卡特尔具有不稳定特征，如果出现私自背离默契或协议的情况，将会导致卡特尔的解体。

体育市场上的非价格协调行为与卡特尔非常类似，同样是通过共谋或串谋的形式来实现的，只不过共谋或串谋的内容不是产品的价格而是产品供给的时间、地点、规则等方面的问题。例如，国际奥委会与其他国际体育组织就通过串谋的形式来决定奥运会与各种国际体育专业赛事的比赛时间、间隔时间、比赛地点、比赛规则，以避免因赛事冲突造成赛事之间的替代，运动员在不同赛事参与上分流使得比赛质量下降，体育消费者在不同赛事观赏上分流使得收益下降等问题的发生。

三、体育市场绩效

所谓体育市场绩效，是指基于特定体育市场结构，采取特定的市场行为，促使体育产业在诸多方面都能够获得市场经济效益。这些方面囊括了技术进步与产品质量、成本与价格、品种与产量以及利润等。从本质来讲，体育市场绩效在一定程度上体现了体育市场运作效率以及资源配置的好与坏。

产业组织理论在研究市场绩效时是基于社会的角度来考虑的。该理论认为，如果以效率为标准，从抽象的分析角度来判断，最有效率的经济就是完全竞争的经济；而使经济偏离完全竞争的经济状态的原因是垄断，会造成效率的损失。市场绩效本身包含着价值判断的问题，因而具有高度的复杂性。经济学家通常采用的方法是，在假定企业的唯一目标是追求利润最大化的情况下讨论抽象的企业经济效率，主要是判断产业的效率在多大程度上接近完全竞争状态。一是利润率的高低。通常衡量市场绩效的指标是利润率。因为在完全竞争的市场上，资源配置最优，社会效率最高，企业只能获得正常利润，并且企业利润率会趋向平均化。所以，企业利润率的高低和是否存在平均利润率上，就体现出产业组织的市场绩效。二是价格成本差。价格成本差实际上就是勒纳指数和贝恩指数。这两个指数分别从不同角度反映了市场集中的程度和垄断势力的强弱，从而能够体现这种市场结构对完全竞争的市场结构的偏离程度。

因为市场结构和市场行为综合反映了市场绩效，所以仅仅停留在上述层面的评价是远远不够的。市场绩效评价只有充分考虑相互矛盾、相互影响的资源配置效率、技术进步、社会福利水平、社会公平等多个因素，密切结合市场的真实情况，综合评估资源配置效率、产业的规模结构效率、技术进步程度三个方面，才能对市场绩效进行有效评价。对体育市场绩效的评价同样必须基于这三个方面。

（一）体育市场的资源配置效率

经济学的基本原理告诉我们，资源配置效率的主要体现是社会总效用或者社会总剩余的最大化，也就是社会福利的最大化。在对资源配置效率进行评价时，经济学家一般用消费者剩余、生产者剩余和社会总剩余来衡量资源配置效率的情况：消费者剩余是指消费者按照一定价格从所购买的某一商品中获得的效用减去为此所支付的价格之后的净得利益；生产者剩余是指企业的销售收入与生产费用的差额；社会总剩余是消费者剩余和生产者剩余之和。经济学家认为，如果市场机制运转良好，市场竞争充分，资源配置的效率就会比较高；反之，如果市场竞争不够充分，市场垄断程度比较高，资源配置的效率就比较低。经济学分析表明，与完全竞争的市场相比较，垄断企业通常以较高的价格和较低的产量供给产品，从而攫取了相当部分的消费者剩余，导致了社会福利水平的下降。此外，垄断企业为了谋取和维持其垄断地位还会采取诸如大量的广告、提高进入壁垒的程度、特殊的产品差异化策略等措施，并为此支付巨额的费用。这种不是产品生产和销售所必需的开支，客观上会加重消费者的负担，同样是社会资源的浪费。

在体育产业发展的过程中，体育组织和体育企业作为市场经济条件下的一种特殊的企业类型，与其他企业一样是预算约束下的市场主体，把追求利润最大化作为企业经营的基本目标。所以，衡量体育市场的资源配置效率，必须以社会福利的最大化作为最根本的尺度，也就是要考察体育资源的配置是否能够或者最大限度地实现有限的体育资源的最佳配置；是否能够使生产者实现利润最大化；是否能够使消费者实现剩余最大化，或者最大限度地效用满足。考察体育市场的资源配置效率，要从四方面入手：一是要考察产业的利润率。体育市场的竞争越是充分，体育资源在企业间自由流动越容易，企业平均利润率越低，平均化程度越高，体育消费者能够获得的福利也就越是趋于最大化。事实上，考察体育产业的利润率，在一定程度上能够明确地推断体育市场对完全竞争市场的远离程度，进而就会知道体育消费者所获的利益与最大化利益之间的差异。二是要考察进入壁垒的程度和市场集中度，进而推断市场竞争是不是充分。三是要考察政府对市场的干预程度，进而推断市场机制是不是被扭曲，有没有存在市场失灵的状况。四是要考察消费者对体育产品的需求情况，进而推断体育产业给消费者带来的效用或利益有多大。

（二）体育产业的规模结构效率

产业的规模结构效率也叫作产业组织的技术效率。因为规模经济的存在，体育资源的利用效率被各种体育资源在体育产业内部的分配状况所影响。体育产业的规模结构效率，是指体育资源的利用状况，是从体育产业内部规模经济的实现程度的角度来考虑的。主要包括以下三个方面：

一是实现经济规模的程度。在现实经济生活中，没有一个产业的所有企业都完全符合规模经济的要求。根据贝恩对美国20个产业的调查研究显示，即使美国这样经济高度发达的国家的大多数产业中，仍然有10%～30%的产品产量来自非规模经济的企业。这些企业利润率比较低，有的尽管长期亏损，但仍坚持不退出市场，继续进行生产。同时，在部分产业中存在超经济规模的过度集中，有一些大企业经营成本明显高于规模较小的企业。体育产业中的许多经营领域同样存在未达到经济规模的产品生产和供给者，特别是体育休闲健身业这种情况十分普遍，许多虽然企业规模很小，但是运营成本很高，这就在一定程度上影响了体育资源配置的效率。体育场馆经营业中经营供过于求的问题在体育产业中相对比较严重，如我国许多城市的体育场馆能够充分利用的不足50%，在大多数时间存在比较严重的设施闲置。

二是经济的合理垂直结合及实现程度。体育产业发展过程中，各个具体产业门类之间存在一定程度的连续流程性质的后向关联，这些产业部门之间必须有一个合适的比例，包括体育产业规模结构效率或内部结构的合理化。一般来说，用垂直产出占生产的各个阶段产出的比例来表示经济规模的垂直程度。

三是企业规模能力的运用。主要有两种情况：一些企业市场集中度低，缺乏规模经济，并有各种程度的设施搁置；一些企业已达到规模经济水平，但设施仍然没有得到充分利用。

（三）体育产业的技术进步程度

广义上的产业技术进步囊括摒除劳动投入、资本投入之外的全部有利于经济发展的因素；狭义上的产业技术进步则是指产业之中的创新、创造以及技术转移。在产业组织的生产行为和结构的诸多层面都能够体现出技术进步，产业的技术特性与产品具有紧密的联系。

大容量、高效率的技术发展与必要的资本壁垒和经济规模相关，技术进步的类型、程度和条件都与企业的兼并和产业集群化发展存在着密切的关系。技术进步程度主要反映出经济效率的动态性，是衡量市场绩效的重要标准。

体育产业由于其所具有的高度竞争性和所提供服务的消费者直接感受的特征，从一开始就与技术进步和创新紧密关联在一起。竞技体育的训练水平、比赛成绩、场馆设施、运动装备无不充分体现着技术进步和创新，也正是不断的技术进步和创新活动，使竞技体育的观赏性得到大大提高，体育消费者获得极大的满足。体育休闲健身产业源于不断的技术进步和创新，使广大的参与性体育消费者获得了内容更为丰富、方式更为多样、效果更为明显的休闲健身消费。其他体育产业门类更是与技术进步和创新活动密切相关。从总体来看，体育产业的技术进步程度主要通过体育产业的增长和体育消费者所获的福利增长体现出来。

第三章 体育产业资源的开发与配置

第一节 体育产业资源的开发及其配置的基本理论

一、体育产业资源

（一）体育产业资源的概念

什么是体育产业资源？我们认为，能够支持各体育产业部门进行业务活动开展所动用的所有资源的总和就是体育产业资源。

随着体育产业的不断发展与成熟，各种与之相协调的体育产业资源也在不断产生，这些资源为体育产业的发展提供了有力的支持，同时也推动了我国经济的发展。

（二）体育产业资源分类

从综合性视角来看，可以将体育产业资源划分为两种类型：一是单一性体育产业资源；而是综合性体育产业资源。这两大类体育产业资源又可以划分为不同的小类。

单一性体育产业资源又可分为物质形态的体育产业资源和非物质形态的体育产业资源。体育自然资源、体育经费资源、体育场地设施资源、体育人力资源属于物质形态的体育产业资源；而体育传统资源、体育信息资源、体育组织资源属于非物质形态的体育产业资源。

综合性体育产业源源可分为领域的体育产业资源、区域的体育产业资源和单项的体育产业资源。学校体育产业资源、竞技体育产业资源、大众体育产业资源属于领域的体育产业资源；农村体育产业资源、城市体育产业资源属于区域的体育产业资源；篮球项目产业资源、体操项目产业资源属于单项的体育产业资源。

二、体育产业资源配置

（一）体育产业资源配置的基本类型

体育产业资源的配置方式有以下三种类型：

1. 计划配置

计划配置的主体是政府，政府决定着体育产业资源的分配，体育企业要依据国家经济计划行事。政府可通过各种手段对体育产业资源配置的格局进行直接或间接的调节，这对于将有限的体育产业资源集中起来，促进预期目标的实现具有重要的意义。政府在体育产业管理中，会设立专门的机构，政府的管理权力高度集中，相应的组织机构在贯彻计划机制原则的基础上会采用行政方式全面管理体育产业。而从本质上讲，社会组织往往不具备管理功能。

2.市场配置

通过市场价格的波动、市场主体的竞争、市场供求关系的变化而对经济运行进行调节的方式就是所谓的市场配置。市场机制充分竞争，受益最高的部门和地区是体育产业资源流动的目标方向，将体育产业资源配置到哪个部门和地区，主要受市场供求比例变化和由此导致的价格波动的影响。在市场供求关系中，价格发挥着晴雨表的作用，反映着资源稀缺程度或需求程度，再将这些准确的市场信息传递给体育生产企业，这就加剧了企业之间的竞争，刺激了企业的盈利欲望，引导体育产业资源向资源严重稀缺、供不应求的生产部门流动，这必然会造成稀缺体育产业资源的存量的增加，进而使体育产业资源供求的矛盾得到一定的缓解。世界上采用市场配置方式进行体育产业资源配置的典型国家是美国。美国政府很少介入和干预体育事务，其主要采用法律和经济手段进行间接性的调控与管理。

3. 混合配置

在体育产业资源配置中，难免存在"政府失灵""市场失灵"的情况。事实上，在资源配置中，如果仅仅依靠政府或只是依靠市场，都会遇到很多问题。所以，当前在体育产业资源配置中，很少有国家会单纯采用某一种配置方式，相对的，采用由市场配置和政府计划配置相结合的混合配置方式的国家已越来越多。世界上各个国家都在立足本国国情的基础上，不断对体育产业资源配置的方式进行调整，试图对与本国国情相适应的混合型配置方式进行构建与采用。这种方式对于政府主导作用的发挥，对于吸引社会对体育的支持具有重要的意义。当然，不同国家之间的混合型配置方式存在着明显的区别。有些国家以政府计划配置为主导，以市场配置为辅，即采用政府主导型的配置方式；有些国家以市场配置为主导，以政府计划配置为辅，即采用的是市场主导型的配置方式。随着社会经济体制的转型，我国体育产业资源配置的方式也在不断变化。

（二）市场配置与政府配置的边界

作为一种普遍流行的经济运行状态，市场经济以市场调节为基础和主导。从本质上来说，市场经济是具有一定组织能力的一种经济调节方式，通过这种方式进行体育产业资源配置和布局，离不开对供求规律、价格机制、竞争机制的运用。通过运用市场机制，能够使微观体育经济主体的个别利益与社会整体目标保持协调一致。人们在对自身利益进行追求的过程中，也会推动体育产业资源的合理配置，这是普遍存在的客观后果。通常，如果运用市场机制就可以进行有效的体育产业资源配置，那么政府就没有必要干预了。另外，虽然市场配置本身也需要一些成本，需要消耗一定的资源，但如果这种成本比政府配置成本低，那么选择市场配置的方式就更妥当。一些转型国家往往不具备或不完全具备市场配置资源的效能条件，所以市场机制尽管可以配置体育产业资源，但这一配置方式并非是成本最低、效率最高的方式。所以，在面临市场不全、市场不灵、市场配置高成本等问题时，可选择政府配置的方式，这样效果会更好。

（三）体育产业资源配置的相关研究

1.政府与市场关系的研究

一般认为，在社会资源配置中，运用最广泛、最有效的机制是市场机制。市场机制可促进价格机制和竞争机制功能的充分发挥，可促进市场主体主动向效益好的环节中配置资源，从而使微观经济活动主体的个别利益与社会发展的整体目标保持协调一致。需要注意的是，发挥市场机制的功能需要具备一些前提条件，一旦遇到市场失灵的问题，就难以使市场机制的功能发挥到最佳水平，资源配置也就无法达到最优化的程度。

随着市场的不断演进和发展，市场上出现了一些突出的问题，这就为政府介入经济活动并实施干预提供了可能与条件。政府在市场经济中发挥自身的经济功能，目的是对市场自身功能的缺陷进行纠正、弥补。但是，政府在对市场经济缺陷进行弥补时，其经济功能逐渐扩大、不断强化，此时很容易导致另一种缺陷的产生，即政府失灵。在经济运行中，政府被寄予很高的期望，人们希望政府可以通过发挥自己的职能来弥补市场功能的缺陷，但结果往往不尽如人意，不仅市场失灵的问题没有得到补救，反而又出现了新的问题，导致社会效益急剧下降。政府在弥补市场经济缺陷的过程中之所以会出现政府失灵的问题，与下列几方面的原因是分不开的。

第一，非市场活动本身可能导致在收入和权力方面的分配不公。

第二，成本和收益的分离导致非市场产出的过剩和成本的攀升。

第三，非市场机构在预算增长、技术进步、信息的获得和控制方面的具体特性可能导致种种缺陷出现。

第四，非市场组织的内生性和组织目标往往使相关机构的行为和运行偏离初始公共目标。

在经济运行中，政府失灵和市场失灵的现象客观存在，政府可以在一定程度上弥补、纠正市场的功能缺陷，但政府也不是万能的，市场机制无法解决的问题，政府也未必可以解决。不管从理论来看，还是从实践经验来看，政府与市场的作用始终都不可能完全替代。

有学者指出，在社会主义市场经济中，最基本的资源配置方式是市场机制，政府在干预经济活动的过程中，并非是对市场机制的作用的否定，也不是替代市场机制，而是要促进市场作用的充分发挥。

2. 体育产业资源配置的研究

目前，我国体育界只有少数的学者在研究体育产业资源配置的相关问题，因而有关文献资料也非常少，现有的研究大都只是对体育产业资源的概念、分类、培育以及开发利用的问题进行探讨与分析。具有代表性的研究成果有以下几种：

陈勇军在"体育产业资源配置方式及其效率评价"的研究中指出，体育产业资源配置效率改革应符合体育的市场化发展要求。

裴立新等对我国在社会主义初级阶段体育事业转变为集约化发展模式的必要性和可行性中进行了分析，对集约化模式在体育产业资源配置与利用中的重要性进行了论证。要想有效利用体育产业资源，就必须采用集约化模式，这有利于促进体育产业发展的质量和效益的提高。体育产业发展向集约化转变，应实现体制、资源配置方式等方面的全方位转变。

刘可夫研究了体育产业资源开发和配置的相关问题。他在研究中指出，在一定时期和一定条件下，体育产业资源是短缺的，这是其与其他经济资源的共性特征。体育产业作为一项经济活动，需要投入相应的资源，需要对体育产业资源进行合理开发、高效利用和优化配置。这是发展体育产业的重要条件，也是提高体育产业经济效益和社会效益的基本要求。在体育产业发展中，不同类型的产业资源居于不同的地位，发挥着不同的作用。以此为依据，对不同类型的资源进行不同的配置，促进体育产业资源作用的充分发挥，能更好地实现体育产业的经济与社会效益。

任海等认为，体育产业资源的类型、来源、影响因素、资源投入后的最终产品、环境因素、组织形式、法律政策等因素都会影响体育产业资源的合理配置。体育产出的社会公益性和市场开发性非常明显和突出。

肖林鹏分析并探讨了中国社会转型期竞技

体育领域进行资源优化配置的重要性。他指出，我国的体制以奥运争光为目标，政府将计划与市场两种手段灵活地利用起来，可实现体育产业资源的优化配置，使体育产业资源的最佳效益得到充分发挥。

3．我国体育制度改革的研究

李艳翎从经济体制与竞技体育体制之间的关系出发，研究了我国竞技体育体制的改革。她在研究中指出，我国竞技体育体制的改革主要是由经济体制改革所决定，这两种体制的改革要与社会变革保持协调，实现渐进式改革。

谭建湘在研究我国体育体制改革的过程中，是以我国足球职业化改革为出发点的。他通过研究指出，我国体育职业化发展取得了明显的进步，发展环境在不断改善，并基本形成了俱乐部制，一些项目联赛的专业市场已经初具规模，而且基本形成了商业化经营机制。

潘键研究了体育体制改革的过程及改革中呈现的特征，并指出改革中呈现的特征具体应表现在以下几个方面：第一，经济体制改革与政治体制改革相结合；第二，自上而下与自下而上相结合；第三，局部推进与整体协调相结合；第四，体制内推进与体制外推进相结合。

孙庆鹏指出，未来我国体育体制的改革必须与我国在社会主义初级阶段的国情相符；与整个体育事业的发展步调相一致，必须与社会环境保持融洽和谐的关系。

第二节　我国体育产业资源开发与配置的优化

一、我国体育产业资源开发的优化路径

从优化体育产业资源的角度出发，作为一系列资源的集合体，企业只有优化设置好内、外部资源，才能够具备强大的竞争优势。在经济转型背景下，合理配置体育产业资源，深入开发与高效利用体育产业资源，能够强有力地提高体育产业的核心竞争力。

（一）促进体育产业资源的供需平衡

在开发体育产业资源的过程中，首先要对各种资源的供需情况有清楚的认识，然后采取方法去实现供需平衡：第一，在体育产业资源的流通中，对恰当的供给渠道进行选择，加强

对新的供给源的开拓；第二，合理分析与掌控体育产业资源的市场需求，促进多种体育产业资源的供需平衡。

（二）结合各地优势，合理运用资源配置方式

市场机制的资源配置方式强调运行效率，在市场资源的优化配置中，价值规律无形中发挥着重要的作用。价格围绕价值而变化。依据这一规律，市场价格机制在推动资源高效利用方面发挥了重要的作用，市场的调节作用促进了体育产业资源配置的优化发展。作为市场配置的重要补充，政府行为也促进了各种体育产业资源的利用及优化配置。在体育产业发展中，政府宏观调控职能的充分发挥能够使效率优先，使兼顾公平的构想成为现实。

此外，对于不同地区体育产业资源的现实

拥有情况也要给予高度的重视，即注重分析各个地区原有的资源实力，这是实施体育产业资源战略的基础与前提。

因此，只有综合地考虑市场机制、政府行为及资源优势，才能使体育产业资源战略性开发与利用的目标得以实现。

（三）推动体育产业集群的发展

波特最早提出了"集群"的概念。他在考察美国、日本等国家的产业发展情况后，提出了集群内企业获得竞争优势的主要途径是主体互动和知识学习。一般而言，一定范围内的企业竞争优势集合体就是所谓的集群。在一个集群中，各个企业相互依赖，相互促进。通过发展企业集群，能够实现重新配置资源，将企业集群及核心竞争力凸显出来，从而将更多能够满足市场需求的产品开发出来。

需要注意的是，体育产业集群不是许多体育产业的简单相加，而是各相关企业以体育产业链为中心在结构与组织上的有机结合。发展体育产业集群可以在一定程度上使其获取和资源转换的壁垒得以缓解，使专业化的体育资源的共享理念成为现实，使一定地域范围内的相关企业组成生产网络，进一步优化体育产业资源，实现体育产业资源的高效配置。

（四）加强体育产业资源的协同体系构建

为了使各项体育产业资源能够更好地与社会需求相符，在开发体育产业资源的过程中，需要树立资源的协同观，有效配置各类体育产业资源，使各类资源都能够得到优化，从而使其价值得到最大限度的发挥。经过不断的开发，我国部分体育产业资源已经实现了共享，这主要从高校的体育资源中体现出来。

（五）促进体育产业创新能力的提升

开发与利用体育产业资源是一个动态的过程。体育产业资源经过战略性开发后，能够更好地配置，实现深度的优化，促进新资源的形成，为体育产业的发展注入新鲜血液与活力，有效地解决因体育产业资源短缺而造成的体育产业发展滞后及创新不足的问题。

第四章　体育产业市场运行管理

第一节　体育产业的消费需求管理

一、体育消费与体育需求

（一）概念

需求与消费是有关联的两个不同概念。需求是指对有能力购买某个具体产品的欲望。未满足的需求代表着市场机会。消费是通过购买商品以满足生活或生产的需要和愿望。需求指的是尚未执行的，消费是已经或正在执行的。

需求和消费概念的相同点是：都有需要的愿望，都与购买行为相关。

消费需求的大小决定了市场发展的速度、规模和效益。如果一个社会中没有，或者只有少量的、潜在的和不规则的消费需求，那么这个社会中市场的存在和发展都将受到严重的制约。如果这个社会中呈现规则的、递增的和可预测的消费需求，那么这个社会中的市场就会成为有规律可循的兴旺市场。

体育需求是指人们购买体育商品或体育服务的欲望和能力。它必须具备两个条件：一是有体育消费需要，如观赏赛事、参加健身和休闲娱乐活动、购买体育用品等；二是有经济支付能力。

体育消费是人们生活消费的一部分，是人们在理解体育功能价值的基础上，根据自己的需要和条件，寻求、购买和使用体育用品，接受劳务或服务的行为过程中对体育消费资料的使用和消耗。

体育消费是社会生产力发展到一定阶段的产物，是现代生活消费的一个重要组成部分，具有十分诱人的发展前景。它是在人们的物质生活条件满足基本生活需要的前提下，为追求个体的发展与享受所引起的，适应更高层次需要而做出的一种选择，是一种伴随着对体育功能主观认识基础上的新型消费类型。它也是个人在完成日常工作和必要的休息及家务劳动以外的闲暇时间里的消费行为。因此体育消费在个人闲暇消费中占有重要的地位，是社会总消费中不可缺少的一个部分。

（二）体育消费特点

1. 体育消费的非迫切性

由于体育不是人们生存、生活的基本需要，

而是发展与享受的需要，故体育消费决策全凭个人意愿、兴趣、爱好，当然也与人们的收入水平、生活方式、行为习惯有直接关系。一个人完全可以不进行体育消费而进行其他的消费，可以现在不购买体育商品而等将来购买，也可能心情好时有体育消费而心境不佳时不消费等。体育消费需求弹性大，很大程度上是因其所具有的非迫切性决定的。就这一意义上讲，体育市场的开拓者不可急功近利、急于求成，而是要按照市场发展的规律，当条件成熟时自然会水到渠成。

2.体育消费具有不均衡性

一是参与消费人群的不均衡。如在健身健美俱乐部中年轻人多、老年人少，女性多、男性少，城市人多、农村人少；二是时间季节的不均衡，即体育消费的时间季节性。如保龄球馆晚上人多、白天人少（消费时间的不均衡），游泳池中夏天人多、冬天人少（消费季节的不均衡）。由于体育服务是一种非贮存性商品，因而这一特点在一定程度上也是体育市场中的经营者们感到捉襟见肘的问题。

3.体育消费能力具有层次性

体育消费能力属于一种特殊消费能力，即在专门或特定活动中体现出的消费能力。由于体育消费品的种类繁多，即使人们愿意从事体育消费，一般不会、也不可能参加所有的体育消费活动，而只能参与其中一项或一部分。对参与某项或某类体育消费活动所作出的选择是凭个人的兴趣爱好，而具有相应的消费承受力才是实现消费的保障。人们的消费承受力有别，即使有相同的爱好，在消费过程中也会显示明显的层次性。一般来说，体育消费能力强者，多为高收入或高职位者，能进行多样化的高消费，如既打高尔夫球又打网球；而体育消费能力弱者，多为一般或中等收入者，则只能选择性地从事某一适合自己的体育消费；无体育消费能力者，即中等以下或低收入者，则多是只能望体育消费兴叹。

4.体育消费具有时间延续性

只要产品质量可靠，体育消费大多不是一次性的消费活动，而是连续性的消费过程。其他许多物质产品要么是提供一次性的消费，要么是向人们提供方便快捷的服务，而体育消费则不同，它的发展与时间消耗和时间长短成正比。也就是说，体育消费的总体水平越高，人们在此花费的时间就越多，持续的时间也越长。

5.消费选择具有一定的盲目性

所谓的盲目性表现在两个方面：一是没有选择，例如足球爱好者只有甲比赛可看，看前你并不知道是否值得，所以赛后往往会说门票钱白花了；二是不知如何选择，例如参加健身健美消费活动，你选择哪家健身中心呢？多是就近或从众。由于体育服务产品的无形性使消费者在事前难以判定其质量，多数人抱着试一试的想法去参与，如果产品质量有保证，参与者会继续消费；如果产品不尽如人意，消费者则会停止其消费活动。

6. 体育消费具有文明进步性

体育是一种人类文化活动，体育消费水平的高低是人类文明进步的标志之一。体育消费比一般物质消费更能体现出一个国家和民族的精神风貌，并标明社会精神文明发展的程度，因而具有显著的文明进步特征。在我国，体育消费水平的提高还体现出社会经济的发展促使人们消费观念的转变。

（三）体育消费的种类

根据不同的标准可以对体育消费进行不同的分类。从体育产业经营是根据消费者从体育市场中所购买的不同类型体育产品进行分类的，大致可以分为实物型体育消费和非实物体育消费两类，消费的方式主要有以下三种。

1.购买体育用品

体育产品的购买与使用是人日常生活离不开的内容，特别是随着人们的生活水平的不断提升，人们对于某种事物的理解与认知也正在不断发展。在国家层面上，大力发展基础设施建设很好地促进了我国居民对于体育活动的认知，而对于体育运动而言，正常的体育用品是必需的，这也就促进了市场经济对于体育用品的需求，实现了多方面全方位的发展。例如，在发展过程中，包括对于体育服饰的发展与提升，包括运动器具的购买与使用，包括与体育健身相关的套餐与饮片，包括运动会开幕式的吉祥物等延伸产业，实现了产业的快速发展与进步。

在体育用品发展利用过程中，应当认识到产业发展的重要作用，能够不断促进人们对于体育运动的认可程度，让人充分认识到人的生活不仅需要物质生活的丰富多彩，同时还应当包括对于精神文明生活的追求与发展，实现快速发展与提升。在消费者进行体育用品购买过程中，应当认识到产业发展的重要作用，能够将品牌作为自身认可的重要部分，实现全方位的产业进步，并且随着人们的生活水平的不断提升，人们对于体育用品的追求也正在不断提升，对于低端的体育用品不再有所认知，而是将中高端用品作为自身的重要部分进行使用与发展。

2.观赏型体育消费

观赏性运动也是体育活动发展与进步的重要动力，其能够不断促进整个产业的发展与进步，并且这种观赏类的运动对于体育运动本身而言具有更强的促进作用，其能够不断促进产业的发展与进步，帮助人们感受到体育的美感与魅力，实现自我的不断发展与进步，并且对于体育品牌而言，其也能够不断促进消费者对其的消费。

3.参与型体育消费

参与型体育运动主要指的是以娱乐性质为目的的运动类型，其能够帮助人们认识到产业发展的重要性，将更加宽阔的部分纳入到体育发展的体系内，促进人们对于产业发展的认知。

参与型体育消费的增长速度决定了一个国家、一个民族对于产业发展的重视程度，任何一方面的发展与进步都离不开人们对于产业的认知，这种相对高尚的发展模式能够充分展现出体育运动本身的魅力，实现娱乐与体育的双重进步与多重发展，拓展体育市场。

（四）体育需求

体育运动本身的发展与进步离不开产业的发展，其需要将产业与市场结合起来进行调控与发展。

1.体育产品价格

对于大多数的体育品牌而言，其发展速度相对较为缓慢，一般而言，需要长久的发展来实现自我品牌的形成与沉积，在多数发展模式中，其能够不断促进人们对于产业的认知，实现产品质量的不断提升与发展，在有限的资金与空间范围内提高商品本身的质量，并在不断发展中赋予商品更多的价值，在某种意义上，品牌本身就代表了一定的价值，其能够不断实现商品价值的多次提升，多角度实现快速发展，同时市场与政府本身也对体育用品的价格有一定的评价指标，以此来调控其价格。

2. 消费者对产品的价格预期

消费者对于某种体育用品的认可程度决定了其对于商品价格的接受程度，对于某种体育用具而言，不同的消费者往往具备不同的价格预期，一旦体育用品超过正常价格或者对于消费者而言难以接受，体育用品就发挥不出自身的商品性质。因此，需要从多个角度出发，实现商品价值与理念的提升，实现商品经济的不断发展。

二、体育产业消费主体

（一）体育产业的消费

体育消费的增长与我国的经济社会发展水平成正比，随着人们生活水平的不断提升，越来越多的人认识到产业发展的关键部分，其主要包括对于个人的消费以及对于商务水平的消费。

对于体育运动的个人而言，其涉及的运动项目以及内容存在较大程度的差异，在个人进行运动过程中，往往针对体育运动的不同性质进行选择与购买，从而实现自我的不断消费与提升，这种运动类型往往是小范围内针对消费者自身的，包括健身运动、健美运动等。

个人体育运动的消费在人们的正常生活中，其占比越来也大，因为越来越多的人认识到产业发展的内容与关键，其能够不断促进人们对于产业的认知与发展，在个人水平进行消费过程中，应当将大部分结合在一起，从而实现发展与进步，在多数情况下，自身的发展离不开市场经理的调控，跟随个人对于体育运动的消费意愿实现不断发展与进步，个人消费正在随着人们生活水平的提升而不断提高，能够充分展现出消费本身的价值。

商务消费本身的发展速度也是快速的，其能够不断促进整个产业的进步与提升，从而帮助更多的人实现产业的发展与进步，商务化的体育消费主要针对大型的体育赛事以及俱乐部之间的消费，其能够根据自我的发展速度绝对相关的产业研究，对于商务化运动而言，其发展速度相对于个人消费速度更快，在体育运动选择上也更加倾向于体育运动的投资与发展。

（二）体育产业的消费主体

体育运动的发展能够不断促进人们对于体育理念的认知，在体育运动区分上，将个人消费与商务消费进行合理区分有利于人们对于产业的认知与发展，实现消费主体的确定。

1.个人消费者

个人消费者主要是个人消费的主体，能够帮助人认识到产业的发展速度与进步提升，不断实现多角度的发展与进步，个人体育的消费的目的主要针对自我的生活质量以及身体健康进行的，能够提升人们的身体素质，从而实现体育用品的购买与消费。

个人的体育消费不仅限制于对于体育运动的参与，同时还包含了对于赛事的观看以及参与性运动的参与，这种参与同时包括了直接参与以及间接参与，人们在发展过程中，能够将多个部分结合在一起，从而实现多方位的发展与消费。例如，在消费过程中，将付费的体育赛事以及赞助商品牌的消费结合在一起，从而实现消费品质的提升，对于多数品牌而言，其发展速度与进步水平都离不开人们对于赛事的重视程度，体育用品的消费与消耗都是巨大的，能够不断从中挖掘经济与价值。从这个角度来看，可以说个人体育消费属于消耗性消费。衡量体育消费是否是个人消费，主要看其消费目的和消费性质，而不能仅凭由谁付费来判断。因为个人消费者的体育消费可能是消费者自己付费，也可能是他人或机关、单位付费。

个人消费者对于体育运动的参与是多类型的，目前在市场上相对积极的产业主要包括对于跑步运动、篮球运动以及健身运动等，人们对于体育的认知水平发展速度相对而言更加快速，不断拓展市场的规模与发展速度，健身规模的扩大与进步也离不开人们的热爱与鉴赏，个人消费水平的提升也正在随着人们的认知水平而不断提升，主要包括直接参与与间接参与。

2. 商务消费者

商务消费相对而言发展速度更快，其主要原因是由于人们展现自我的水平，商务消费者的目的并不是在于提升自我的体魄与认知，其主要目的在于从相关的体育运动中挖掘出更高的价值，从而实现多方位的发展。

商务消费者本身对于产业的需求与发展离不开体育赛事身后隐藏的内容，其发展速度与进步水平取决于体育赛事的关注程度，当某一体育活动的影响力越来越大，其身后隐藏的内容也会越来越丰富，展现的价值也会逐步提升，体育产品本身的品牌价值能够帮助体育赛事隐藏活动的挖掘与发展，从而实现消费水平的提升与进步。

体育运动的发展速度相对而言更加积极，特别是商业化消费者的不断参与，其正在使体育运动以及体育赛事面向更加广阔的平台，不仅局限于人们的认知水平，同时还包含了人们对于隐藏价值的认可与提升，通过多种形式的参与实现体育运动商业化价值的提升，之所以商业化运动仍然能够在 21 世纪盛行，是因为发展速度的积极性以及发展市场的广阔性，其能够不断促进人们对于产业的认知，实现自我的不断发展与进步，在进行市场经济规划与发展过程中，应当将体育用品本身作为主要部分，实现价值的不断挖掘与发展。

商业化消费者是体育运动能够不断发展提升的重要原因，正是存在商业化消费者的促进与发展，才能够不断实现体育赛事的进步，商业化价值的挖掘也关系到整个体育赛事的规模与发展速度，将多数内容联系在一起实现整个体育运动的进步与发展。体育品牌在参与到商业化消费过程中，也能够实现自我品牌的沉积与发展，将多种形式结合在一起，实现体育活动的商业化进步。

三、体育消费者购买决策过程

体育消费购买决策作为一个过程，一般会经历6个阶段，即形成体育消费需求、产生购买动机、收集体育商品或体育服务信息、评估待购体育商品或体育服务、购买决策和购后评价。这6个阶段环环相扣，循序渐进。

（一）形成体育消费需求

体育消费者的消费需求的形成由内在的刺

激和外在的刺激引起，或者是两者共同作用的结果。内在刺激源于消费者本身感到某种缺失感，如运动不足引起的不舒服感觉等。外在刺激是指客观因素，如同事朋友的影响、推销广告等。体育消费需求是购买行为的起点。

（二）产生购买动机

体育消费需求形成之后，经一定因素影响，才能产生购买动机。购买动机的形成除受到体育消费者内在生理因素影响之外，还受到社会因素、经济因素的影响，当这些因素对消费者产生一定强度的刺激之后，消费者便产生购买冲动，即购买动机。

（三）收集体育商品或体育服务信息

一个有购买动机的体育消费者可能会寻求

体育商品的信息，也可能不会。当唤起的购买动机很强烈时，体育消费者必然会通过各种途径获得购买体育商品或服务的信息。体育消费者信息的主要来源有：经验、市场或大众传播媒介等，其中市场信息和传播媒介提供的广告信息最为重要，因为它针对性强、传播面广，易为消费者所收集。

（四）评估待购体育商品或体育服务

评估的内容一般包括体育商品或服务的属性、价格、效用等。消费者在评估时首先考虑的是体育商品或服务的属性，而价格则是影响消费者购买决策的重要因素。成熟的消费者往往考虑商品的性能价格比和商品的售后服务水平。

（五）购买决策

体育消费者经过判断和评估后，如果对某种体育商品或服务形成一定倾向，便会做出购买决定。但购买决定的做出并不等于购买，如果受到其他因素的影响，可能会放弃购买。从购买决策转化为购买行动，除消费者的自身因素外，还受到他人态度和意外情况的影响。这时，销售人员的营销水平将起决定性的作用。

（六）购后评价

体育消费者购买体育商品或服务之后，有时会做自我评价，有时会主动听取别人的品评。如果消费者感到满意，不仅可能继续购买，还会积极向别人推荐。如果对所购体育商品或服务感到不满意，不仅自己不会再购买，而且还可能竭力劝阻他人购买。因此，消费者对所购体育商品或服务的评价，哪怕是偏见、误解，也会给体育经营单位带来重大影响。

四、体育消费者购买心理

在形成买方市场的今天，市场营销必须站在消费者立场，分析出消费者想要什么，了解什么产品才是对消费者有价值的，进而主动去满足消费者的需要。因此，体育消费者的购买心理是体育营销人员必须认真加以分析和研究的重要内容之一。

（一）消费者的一般心理特征

每一位消费者在购买行为产生以前，对周围事物的价值观念一般都会存在着一种心理特性：我买这产品能满足什么需要？下面几点心理特性可以说是人类共有的。

想要获得：健康、时间、安全感、赞赏、舒适、青春与美丽、成就感、自信心、成长与进步、长寿等。

希望成为：好的父母，容易亲近的、好客的、现代的、有创意的人，对他人有影响力的人，有效率的、被认同的人。

希望去做：表达他们的人格特质，保有私人领域，满足好奇心、模仿心，欣赏美好的人或事物，获得他人的情感。

希望拥有：别人"有"的东西，别人"没有"的东西，比别人"更好"的东西。

（二）体育消费者购买动机

消费者为什么购买某一特定体育产品？为什么在某一特定体育场馆或者体育用品商店购买这个产品？这就涉及购买动机。前者称为商品动机，后者称为购买动机。

1.商品动机可分为感情动机和理性动机

感情动机是指消费者对某一特定产品，在它们还没有到必须购买的时候就产生购买冲动的购买行为。例如，有位消费者在体育服装商店闲逛时看见广告中一位自己崇拜的体育明星正穿着某一牌子的运动装打球，虽然他当时没有购买这个品牌运动服的打算，却因为接受了广告中强烈的情感共鸣而去购买这个品牌的产品。感情动机具有暗示、描写、联想的作用，因为动人的广告、独出心裁的陈列、卖场中杰出的讲解，都会造成消费者不由自主的"冲动性购买"。

理性动机是指对某一特定商品的购买时充分考虑它们的"实用性"，如有关体育器材的电视广告常强调其坚固、耐用、便利和经济性，就是"理性的讲解"，理性动机通常出自产品的合理性、便利性、品质一致性、价格经济性、售后服务信赖性等几方面。

通常很多产品广告都是先作理性诉求，后说明产品内涵、成分、使用方法等"理性"的内容，这些信息都是消费者迫切想知道的，等到过了一段时间后，再诉求"感情面"，像罗曼蒂克的气氛、幸福的充实感等，无非是向消费者诉说物质享受所带来的精神满足。

2.爱顾动机也是体育产业经营者需要了解的动机

体育消费者经常到某体育场所购买体育产品，成为该场所的"固定消费者"，从感情上分析可能是由于这个场所具有迷人的卖场气氛和扣人心弦的陈列，或者这位消费者习惯于这个场所的服务态度和交易行为，或习惯使用这个场所的产品（对产品信赖感）。从理性上分析主要是这个场所可能具有价格低廉、品质优良的特点，声誉良好，或有令人满意的服务态度，或购买场所交通便利，或购物时需要的时间较短等。

五、影响体育消费需求的主要因素

在现实生活中，人们主要通过两种途径获得体育消费需求的满足。一种途径是消费者直接在体育市场购买体育消费品（包括体育服务产品）以满足个人的体育消费需求；另一条途径是通过社会公共消费基金的支付由社会提供公共体育锻炼场所和公共体育锻炼设施以满足人们的体育消费需求。与这两种体育消费的基本途径相对应，人们的体育消费就具有了较固定的两种方式。人们要满足自己的体育消费需求，一般都是通过第二种途径获得。而在市场经济条件下，人们要获得体育消费满足，就有以上两种途径。并且，第一种途径会比第二种途径更具有需求的价格弹性，因此，我们在分析体育产业消费需求的主要因素时，将重点放在第一种方式上。

体育消费需求同属于经济和体育两个领域的重要范畴。随着人们生活水平的提高，体育消费需求呈现不断上升趋势。改革开放得到改善，市场在满足居民体育消费需求方面的能力有所提高。充分了解影响体育消费需求的主要因素，对分析和解决体育消费需求方面存在的问题具有实际意义。影响体育消费需求的因素主要有以下 6 个方面：

（一）体育产品或服务的价格

体育产品或服务的价格由体育产品或服务的供求决定。我们探讨体育产品或服务的价格对体育消费需求的影响往往是从体育产品或服务的价格敏感度入手。价格敏感度是市场反应的温度计，通过它我们可以很快地了解到体育产品的价格变化与市场需求量变化之间的关系。对于某类具有较大需求弹性的体育产品或服务，价格的变动会引起消费需求量的较大变动。而对于某类需求弹性较小的体育产品或服务，价格的变动则不会引起消费需求太大的变动。

（二）相关产品的价格

在体育领域，人们对一种体育产品的需求、观看一场比赛的热情或参与某项体育运动的欲望，不仅取决于该体育产品（或比赛门票、参与该项体育项目的必须支付）的本身价格，还取决于相关产品或服务的价格。这种相关产品或服务分为两类：①替代品，可以用来代替另一种物品的物品；②互补品，与另一物品结合起来使用的物品。在体育领域，互补品出现的频率是极其高的。互补品有这样的特征，当一种物品的互补品价格上升，人们也会减少对这种物品的购买。相反，当某种物品的互补品价格下降，人们也会增加对这种物品的购买。因此，一种物品互补品的价格变动，会影响该种物品的整个需求。

（三）收入

在其他条件不变的情况下，收入增加，消费者会增加对更多的体育用品及各类体育门票的购买和对更多体育运动项目的参与。相反，当消费者收入下降时，消费者会减少这方面的开支，减少对高消费的体育运动项目和体育赛事门票等的消费，转而消费相对低消费的体育运动项目或用看电视转播等方式替代现场观看体育比赛，这样一来，体育消费需求就会出现下降趋势。

（四）人口因素

体育产业消费需求还取决于参与体育活动的人口的规模。在其他条件不变的情况下，参与体育活动的人口越多，对所有体育物品与服务的需求越大：反之，参与体育活动的人口越少，对所有体育物品与服务的需求越小。由于45岁以上的人口将日趋增加，他们会更注重健康，可能会参与健身和户外活动，除此之外，他们也有时间和经济实力去参加常规体育运动。他们是体育市场中主要目标消费群体。年轻人喜欢花更多的钱去购买体育用品，尤其是时尚的运动服装，而35～45岁的人由于工作繁忙用于体育消费的花费不会太多。人口因素主要包括以下6个方面：

①总人口数：指一个国家或地区的总人口。一般来说，人口越多，市场需求虽越大，体育

消费更是如此。发展体育市场，要对本国、本地区的体育人口进行认真的研究，提供什么样的体育产品或服务，首先要调查目标市场的体育总人口数，以便对该产品或服务的市场容量有个粗略的了解。

②年龄分布：不同的年龄组对体育产品、服务的需求和兴趣的要求不同。如年轻人喜欢漂亮的运动服，喜欢参加新潮的、激烈的体育运动；而中老年人则喜欢放松、休闲的体育活动，对方便的体育用品、保健品特别青睐；儿童则喜欢体育游戏、玩具等；青年女性则喜欢健美运动等。儿童、妇女的体育市场潜力非常巨大，值得关注。

③性别：不同性别的消费者对商品的需求也有很大差异，而且在购买方式、动机也有很大不同，表现在体育需求上也是如此。

④教育程度：人们接受的教育程度不同，

对生活的追求也不同，对体育的消费观念也不同。如教育程度高的人，在文化用品上的花费较多，对体育消费的认识就高。

⑤人口的地理分布：我国东部沿海人口密集，西部人口稀少。全国人口36.1%在城市，63.9%在农村，这些都是体育市场需求的客观现实条件。

⑥家庭规模：从以前的四世同堂、三世同堂到现在的四口之家、三口之家，体育消费在观念上发生了很大的变化。

（五）偏好

参加某项体育运动的趋势会受到消费者偏好的影响，假如消费者对某项运动项目感兴趣，其参与这项运动的可能性也越大。所以，一项体育运动的推广，和该项运动在其高水平竞技领域所达到的水平有关。其运动水平越高，欣赏价值越大，被吸引参与该项运动的人数也会越多。

（六）余暇

一般来说，余暇时间越多，人们用于体育锻炼和观看体育比赛的时间也会增多，而且不再像过去那样固定。相比而言，男性每周参加体育活动时间比女性每周参加体育活动时间更多，延续时间更长。老人与失业群体也有更多的时间参加体育活动。近年来，可供选择的体育活动项目增长迅猛，人们已不再是在一天当中的固定时间来参加体育活动，而是随心所欲地根据自己一天的时间安排来参加体育活动。这种状况必将对体育产品的供给产生深刻的影响，也对体育服务提出更高的要求。另外，已经成为年轻人时尚的惊险体育活动很可能在今后成为中老年消费群体效仿的活动。

第二节　体育产业的投资需求管理

一、投资与体育投资

（一）概念

投资是一定的经济主体投入一定量的货币资本或其他资源（人力、土地、时间等），以期获得未来收益的经济活动。如某企业投入 1000 万元生产某种产品或政府投入 100 亿元用于落后地区经济开发，某人投入 2 万元购买股票。投资发生于现在，并且数量是确定的，而收益发生于将来，并且常常不确定。

体育投资指对体育领域（包括体育事业和体育产业）的投资。体育资源的投入包括资金、人力、信息、体育设施、时间等，其收益包括几方面：从消费者（群众）角度来讲，能满足自身健身、娱乐、提高运动技术水平的需要：从企业角度来讲，能带来经济收入（利润），为企业发展积累资金，保证企业得以生存和发展；从国家角度讲，既能提高全民素质、培养高水平的运动员、为国增光，又能增加就业，促进社会稳定。同时通过体育投资的关联效应，把体育经济活动所产生的经济效益辐射、渗透到其他产业和部门，带动整个社会经济的发展。

（二）体育投资的主体

投资活动是由一个经济主体来进行的，该经济主体称为投资主体或投资者。在现实经济生活中，投资主体有多种类型，如各级政府、企事业单位或个人。据此，体育投资主体可以是政府、企业和个人。

随着市场经济的发展，人们越来越认识到体育的自我价值，即体育对个体需求（如健身、娱乐）的满足。这为企业和个人投资体育提供了动力。愈来愈多的企业和个人成为体育投资主体。

根据投资主体对其投资所形成的资产是否有控制与经营管理权，可以将投资分为直接投资和间接投资。直接投资以拥有对投资所形成资产的经营管理权为特征，如企业投资生产某产品；间接投资指不拥有对投资所形成的资产的经营管理权为特征的投资，如某人投资购买股票。

二、体育产业投资

体育产业投资需求指投资主体出于主客观因素考虑，基于对将来的收益的认识而产生的对体育产业的投资愿望。投资主体可以是政府、企业、和居民个人。在不同的国家和地区，由于体制上的不同，这三者的比重也有所不同。

（一）体育产业的社会投资需求

第一，政府作在体育领域进行投资，往往是经济效应和社会效应并重，而大多数时候是偏向后者，其资金主要来源于财政拨款和体育彩票等。改革开放以前，政府对体育的投资行为基本上依赖于财政拨款，改革开放以后，体育彩票在我国出现，并得到政府和公众的认可。目前，我国体育彩票的发行额每年呈现上升的趋势，在体育投资方面发挥了越来越大的作用。

体育彩票是一种国家政策补偿性投入，属于政府的间接性投入行为，无论国力富强与否，经济发展水平如何，发行体育彩票都是满足体育资金需求的最有效和最简捷的方式。而且，由于体育彩票所筹集的是社会闲散资金，因此，对体育彩票所筹集的资金进行分配，不会给经济运行及其他领域的投资带来太大的影响。但假如政府过多地依赖财政拨款对体育进行投资，则有可能会对其他领域的投资产生挤占效应。

第二，政府在体育领域进行投资，有时候是出于政治需要。以韩国为例，其体育经济政策的基点在于充分开发和利用体育的社会功能，促进本国经济和社会发展，提高本国在国际上的地位和影响。

第三，政府在体育领域进行投资，很大程度上扩大了内需，拉动产业链的拓展，加快产业结构的升级。

（二）体育产业的微观主体投资需求

1.企业对体育产业的投资需求

对企业来说，最重要的事情莫过于以最低的成本获取最大的利润。所以企业在向体育领域投资时，带有浓厚的商业色彩。以体育赞助为例，体育赞助的精髓是体育部门和企业联姻，通过支持与回报之回的等价交换，精诚合作，互惠互利，共同获益，实现双赢。曾有学者做过调查，企业通过体育赞助，可以获得以下好处：扩大企业和品牌的知名度；美化企业和品牌形象；使商品差异化而鹤立鸡群；有针对性地与目标顾客沟通；突显赞助者的实力地位；时间长而又省钱；明星效应，威力无穷；绕过某些沟通障碍；展示产品或先进技术；激励本企业的职工。

2.居民个人对体育产业的投资需求

居民个人作为投资主体所产生的体育投资

需求存在两种情况：一种是真正意义上的体育投资；另一种是非真正经济意义上的体育投资（实际上指的是体育消费，与投资有着本质区别），它只是居民个人购买体育产品和服务时发生的支付，以及居民个人消费这些体育产品和服务而导致人力资本增值的代名词。以居民个人作为投资主体的体育产业的投资需求包括以下两个方面：

（1）从收益出发

任何投资行为都是为了收益，个人在体育方面的投资也不例外。投资者从收益出发，愿意进行投资，这种意愿为主动需求。主动需求受制于投资收益率。收益率等于投资收益比投资成本。这一比例难以具体计算。但人们参与体育运动或观看体育比赛，身心受益的效果却是不言而喻的。

（2）从购买力出发

购买体育产品与服务同购买股票一样受投资者购买力的影响。投资者在愿意购买的条件下，实际所具有的购买能力，即为被动需求。

三、影响体育产业投资需求的因素

为了确保体育产业的良性运行进而提高体育产业投资效益，必须建立在清楚了解影响体育产业投资需求因素和各因素发挥作用的条件的基础上，影响体育投资需求的因素有：

（一）国民收入水平

体育产业的投资来源主要来自于国民总储蓄，是国民收入的转化形式，通过银行贷款等多种途径实现。国民收入水平对于体育产业投资的机制在于：一方面，国民收入水平的提高带动储蓄水平的提高对投资需求产生巨大的推动作用，这一推动效应不可避免地会波及体育产业领域；另一方面，国民收入水平的提高带动消费水平的提高又会对投资需求产生拉动作用，这一拉动效应在体育产业领域表现得很明显。近年来，我国各类商业银行和金融机构的储蓄总额呈现不断上升趋势，储蓄向投资转化的效率也大幅度提升，这对于体育产业的发展是非常有利的。

（二）资本的预期收益率

无论是从宏观层面（产业）、中观层面（行业）还是从微观层面（企业）进行考虑，在考虑影响体育产业投资需求的因素时，都离不开对资本预期收益率的分析和研究。由于在进行投资决策时，考虑更多的是收益的相对收益率，而不是收益的绝对数。因而，资本预期收益率的大小就成为影响投资决策的重要因素，特别是对于那些国家投资以外的赢利性投资活动。

（三）资本利息率

利息是投资者支付给货币供应者的一种补偿，它是决定投资成本的主要因素。投资成本的形成存在两种情形：一种是如果投资者使用的是自有资本，则投资成本是损失的利息收入，也就是我们平时讲的机会成本；另一种是假如投资者使用的是借贷资本，则投资成本是支付的贷款利息。因此，资本的利息率越高，资本的使用成本就越高，投资者的投资需求就会下降；反之，投资需求则上升。

第三节　体育产业的供求分析管理

一、体育产业的需求弹性

体育产业的需求弹性反映的是体育产业需求量对其自变量变动的敏感程度，以下 3 种是最常见的体育产业需求弹性。

（一）体育产品或服务需求的价格弹性

体育产业体育产品或服务需求的价格弹性是用来衡量一种体育产品或服务的需求量对于该种体育产品或服务的价格变化的反应程度的尺度。

体育产品或服务需求价格弹性的决定因素：

1. 时间的长短

按照不同的时间段对体育消费需求进行考察会发现，随着时间的延长，消费需求弹性会变大。因为时间越长，越方便消费者对自己的消费进行调整。

2. 体育产品和服务对消费者的重要性

体育产品和服务不同于生活必需品，但随着生活水平的提高，余暇时间的增多，交通等设施的便利，以及全民健身计划的推广，体育渐渐有了生活化的趋势，人们在体育产品和服务方面的支出有逐渐加大的趋势，体育成为现代人生活中不可缺少的一部分。但不同的体育产品和服务对于消费者而言仍然会有"必需品"和"奢侈品"之分，这里所讲的"必需品"是指那些能满足人们基本健身、娱乐休闲需求的体育产品和服务，这些"必需品"有相当一部分属于公共产品或半公共产品，免费向广大居民开放或象征性地收取一定的费用，如许多高校的体育设施免费向广大师生开放；还有一些小区的体育健身设施向广大居民开放；公园里的公共体育设施的使用等都属于这种类型。而与此相反，"奢侈品"的价格弹性则较大，如保龄球在价格较高时，则购买者较少，是"贵族化"的体育运动项目，当其价格降到适当的位置时，则购买者与日俱增，成为"平民化"的体育运动项目。不过，体育产品或服务的"必需品"和"奢侈品"的区分具有历史性、地域性，故同样的体育产品或服务在不同的国家或不同的时期的需求价格弹性往往是不一样的。

3.体育产品和服务的可替代程度

某种商品的替代品越多，则该种商品的替代性越强，这个规律对于体育产品或服务同样适用。一种体育产品或服务的替代品越多，则该种体育产品或服务的替代程度也越高，那么它的需求价格弹性就会相对较大。当体育产品或服务处于这种状况时，体育产品或服务的价格上涨，会引起消费者转而购买其他替代品；反之，体育产品或服务价格下降，则会导致原购买它的替代品的很多消费者转而购买这种体育产品或服务。如果一种体育产品或服务没有替代品，那么消费者可能不管其价格如何都得购买，故其需求价格弹性就会较小。

（二）体育产品或服务的需求交叉价格弹性

体育产品或服务的需求交叉价格弹性指相关商品价格变化对该体育产品或服务的需求量的影响，就是用来衡量一种体育产品或服务的需求量对其他产品价格变化的反应程度的一个标准。

根据有关替代品和互补品的概念可知，替代品的交叉价格弹性必为正，互补品的交叉价格弹性必为负。如果两种商品几乎毫无关联，则它们的交叉价格弹性几乎为零。

（三）体育产品或服务的需求收入弹性

消费者收入也是影响各种体育产品或服务需求的重要因素。体育产品或服务需求的收入弹性因体育产品或服务的不同而有差异。根据收入弹性值的大小，可以将体育产品和服务分为：奢侈品、必需品和劣质品。根据这个分类方法，对体育产品和服务分析如下：

满足基本体育健身、休闲娱乐的体育产品或服务（即低档次类）的需求收入弹性较小，相反奢侈品类，即高档次的体育产品或服务的需求收入弹性较大。消费者货币收入的增加导致"奢侈类"体育产品或服务的消费较大幅度的增加，低档次的体育产品或服务的消费增加幅度则较小。高档次类和必需品类的体育产品或服务需求量会随着经济的发展和国民收入的增长而发生不同程度的增长，它们的需求收入弹性是正值。低档次类的体育产品或服务的消费会随着消费者收入水平的提高而减少，它的需求收入弹性是负值。例如，随着人们生活水平的提高，成为高档次健身俱乐部的会员的消费者人数越来越多。参与高尔夫这项高消费运动项目的人数也越来越多。购买名牌体育用品和服装、鞋子的人也越来越多。

二、体育产品或服务的供给弹性分析

体育产品或服务的供给价格弹性与需求价格弹性是完全对称的。根据供给法则，体育产品或服务的供给弹性经常表现为以下三种情况：

第一，供给富于弹性，体育产品或服务供给量变动幅度大于价格变动的幅度。这类体育产品或服务，提价可以大幅度地增大其供给量，削价则相反。保龄球就是很好的例子，当其在中国还属于"贵族化"运动时，因其价格比较高时，整个经营保龄球的行业都存在超额利润，吸引其他商家的进入，随着经营者的增多，供给量也随之加大，使之走"平民化"的发展趋势。

第二，供给单元弹性，体育产品或服务的供给与价格成正比例变化。

第三，供给缺乏弹性，体育产品或服务的供给变动幅度小于价格变动幅度。

体育产品或服务的供给价格弹性主要决定因素：

①时间的长短。长期内，厂商改变供给量的难易程度差异不大。而短期内，厂商改变供

给量的难易程度则会因体育产品或服务的不同而产生差异。一般来说，劳动密集型体育产品或服务的供给量变动比资金密集型和技术密集型的容易得多。

劳动密集型体育产品或服务的生产企业，对资金、设备和技术的要求相对较低，企业生产能力的扩大或缩减只需增减具备一般劳动力和普通技能的劳动者就可，不存在增加和处理专用设施等问题。由于这些条件较易且迅速达到，因此，这类体育产品或服务的生产规模变动相对容易。而资金密集型体育产品或服务的生产企业，生产要素主要以服务设施等形式存在，企业的生产规模变动会遇到设施的建设与处理等问题，所以其生产规模变动相对困难。这类体育产品或服务的价格上升，短期内只能刺激企业兴建相关设施，而不可能使其供给量猛增。又以保龄球馆的经营为例，在保龄球馆内，为客人提供斟茶倒水等这类服务，属于劳动密集型的体育服务；而提供保龄球球道等设施供消费者使用则属于资金密集型体育服务。对于一家保龄球馆而言，它在生意兴隆时，只需增加服务员的数量，就可以满足经营要求，这在短期内就可办到；而假如它想通过扩充球道数量来容纳更多的消费者，这就不是短期内能达到的事情。

②进入和退出的难易程度。如果某一行业的进入和退出壁垒很少，厂商可以根据市场和本企业的情况进退自如，则该产品的供给弹性会较大，反之则相反。

第四节　体育产业的运行机制管理

一、体育产业资源配置方式

（一）以市场需求为中心的配置方式

以市场需求为主的配置主要是指体育产业资源的流向和配置完全由体育市场的实际竞争状况来确定。这是一种以市场需求和市场竞争为主导的资源配置方式。在这种方式下，人们的体育需求、体育市场的有效供给状况及由此决定的价值信号是调节体育产业资源流向的唯一因素。

作为一种产业活动，体育产业的发展以追求利益为目的是毋庸置疑的。但在完全市场化时，为了追求利益的最大化，市场行为势必使稀缺的体育产业资源流向最有利可图的地方，但这未必是最需要该种资源的地方。因此，在采用竞争等市场手段实现供给与需求满足的同时，很有可能由于纯粹的市场竞争导致体育产业资源事实拥有上的不平等状况不断加剧。而这并不是我们进行体育产业资源配置的目的所在。因此，面对具有社会主义公益性特点的体育事业，相关的产业发展中，产业资源的配置应在保证经济效益的同时，注意避免由市场配置带来的社会效益的损失。

（二）以政府目标为中心的配置方式

以政府目标为主的配置主要是指体育产业资源的流向和配置完全由当地或体育产业资源的管理部门的主观意志来确定，不考虑市场状况及当地的资源状况。这种方式下，政府意志成为资源配置的主导，且多使用行政计划的形式实现资源的调配，这一方式要想实现对资源的优化配置，其前提是计划部门，即政府在制定目标时充分认识其资源优势，并能够对市场规律及未来发展有科学、客观、正确的预测，即拥有完全信息和正确决策，在这种情况下才可能有适应资源需求与供给状况的资源配置方案。

然而，事实上，由于体育产业系统是一个复杂的大系统，受多种因素的影响，并始终处于一个动态的发展变化过程中，"完全信息"状态是难以实现的。加之，政府部门作为社会利益主体的一部分，其决策及目标的设立具体反映了其决策者的主观意愿。另外，以这种复杂的、具有主观性和多元化特点的政府目标为中心，通过完全计划配置的方式进行体育产业资源的配置，存在着弊端。

（三）以资源优势为中心的配置方式

以资源优势为主的配置主要是指体育产业资源的流向和配置完全由该地区体育产业的资源拥有情况来确定，不考虑市场状况及政府意志。这是许多资源丰富状态下经常采用的一种资源配置方式，它着重强调资源在产业发展中的中心地位，但是比较忽视资源的市场需求及资源向产品转化的市场必要条件。资源优势所提供的充裕资源条件是资源配置的可能条件，但并非必要条件。也就是说，从资源配置的最终目的的角度来考察，以资源优势为中心，不考虑市场状况和地区发展目标的资源配置，最终可能由于市场需求的不足，或其他政策因素导致资源开发无法实现应有的效益。

二、体育竞争性领域与市场价格机制

凡是能进入市场、由市场机制调节其供求的部分，都属于体育的竞争性领域。体育的竞争性领域大致由以下内容构成：休闲娱乐健身体育、体育用品、体育广告业、体育博彩业、门票、体育场地出租、体育纪念品销售、电视转播权等。

在这个领域，价格信号是反映供求状况的一面镜子，直接对生产、消费产生影响，引导着资源的最优配置。

在体育的竞争性领域内，存在大景的创新型体育服务产品，它们的价值量难以确定，原因在于：

第一，不可重复性和扩散性。如运动训练新原理的提出；新的体育技术、故术的创新；车大而精彩的比赛场面；新的运动纪录的创新等，都具有不可重复性和扩散性。在这里不存在生产同产品的若干个个别劳动时间，因而无法用社会平均必要劳动时间来确定其价值。

第二，效果的不确定性。如很多大型赛事的比赛胜负、名次的排列、运动成绩等具有不确定性；体育赞助和体育广告给商家带来的利益也具有不确定性。因而体育服务产品的这种不确定性使其价值量也具有不确定性。

第三，某些体育服务产品有差别明显的前期阶段和后期阶段。如体育竞赛和表演服务。前期是训练阶段，即生产半成品的准备阶段，后期是提供可供消费的体育服务产品的最终阶段。而且这类体育服务产品的生产过程往往是前期阶段的长度远远超过了后期阶段，前期阶段的劳动和后期提供的最终产品的质量关系极大。

　　由于以上 3 个原因，体育竞赛市场上体育服务产品的价值量是难以计算的。因此，在体育竞争性领域，体育服务产品的价格对于价值表现出较大的独立性，即在价值量不变的情况下，价格可能有较大的变动。人们对体育服务的需要属于享受和发展的需要。但现阶段，从整体上讲，尚属于非基本需要，不具备消费刚性，具有较大的弹性。对体育服务的需求，不仅受价格的影响，还受许多非价格因素的影响。如居民的收入水平、工作和生活条件、闲暇时间、文化传统和体育观念、时尚和习俗、个人爱好和主观评价等因素的影响。例如，在美国得到人们喜爱的拳击、棒球、橄榄球、篮球、网球、田径、游泳等项目比赛，门票可高达数十美元至数百美元，而足球比赛的门票在前几年只能卖到几美元。在西欧各国，精彩的足球门票价格可高达数十美元至数百美元。上述价格的差异，显示出民族文化传统、体育传统对市场需求的影响，从而对价格产生影响。

三、我国体育产业资源配置方式

在我国，体育产业的资源配置方式是在国家宏观调控下的，以市场机制为基础性调节机制的资源配置方式。

（一）政府对体育产业的宏观调控和管理的基本内容

体育管理主要是指管理主体为达到一定的体育目的，在一定的体育思想指导时，依据体育规律对整个体育活动进行有效的决策、计划、指挥、组织、调节与监督，以取得最佳的体育效能的过程。体育产业的管理则是通过管理体育产业的主体以达到一定的体育目的和产业的经济目的，依据体育规律和经济规律，对体育产业活动进行有效的决策、计划、指挥、组织、调节和监督，以取得最佳的体育本质功能效果和相应的经济效益的过程。体育产业不是体育和产业的机械相加，它从一方面看是体育活动，从另一方面看是产业的经济活动。因此，就体育产业的管理对象内容来看，它可分为体育活动和经济活动，所以，体育宏观管理对象内容也是如此，具体来说，包括体育产业的规模和质量、结构和布局、经济运行等。

（二）政府对体育产业的宏观调节是辅助性的调节

在建立有中国特色的社会主义体育事业的管理体制中，应充分考虑在发挥市场对体育产业产生促进作用的同时，要加强和改善政府对体育产业的宏观调节，政府对体育产业的宏观调节是政府对管理体育产业的基本职能，它可以解决市场所不能解决的问题。政府的控制和干预可以保证体育产业的政治方向，也可以充分保证体育事业发展的战略重点，更可以协调体育事业发展的规模和速度。

（三）市场机制对体育产业的调节是基础性的调节

市场经济作为一种经济机制，它的核心是利用价值规律和供求关系的变化，通过自由竞争、优化资源配置来获得最大的效益。因此，对于市场经济来说，一切经济和社会活动都会受到市场经济规律的影响和制约。体育作为一种具有巨大投资效益的产业，同样是一种高度社会化的活动。我们可以看到，市场机制有助于体育资源的合理配置，也有助于体育供求的平衡，更有助于体育运动技术水平的提高。尽管如此，市场是一只"看不见的手"，在体育领域自发地发挥作用中，也有其显而易见的弱点和消极方面，它将以各个体育微观单位的利益作为体育产业经营开发的出发点，不能自动地反映体育供求的长期变动趋势，不能自动地实现当前利益和长远利益、局部利益和整体利益的有效结合，很容易产生某种程序的自发性和盲目性。由此可见，市场机制对体育产业的调节就是基础性的调节。

四、体育产业资源的开发

体育产业资源开发就是指通过适当的方式，把潜在的体育产业资源改造为可供利用的资源内容并得以实现，或有效发挥、改善和提高体育产业资源利用率的经济过程。应该说这一过程包括两个不同类型的部分，一是发掘出新的资源内容；二是深度发挥原有资源的利用效率。不论是哪一类型的开发，其实质都是尽可能地发现和利用各种资源，以实现更高的资源价值和产业发展目的。

（一）考虑市场需求状况

体育产业资源开发的最终目的是为了实现资源的最大效益，为了最大限度地满足资源需求。在从资源向产品的转化中，市场需求决定了转化的量及范围。因此，在体育产业资源开发中，对需求的客观认识成为资源开发是否成功的前提。

（二）坚持可持续发展

可持续发展的观点是人类发展中必须坚持的重要观点之一，在资源开发中这一观点尤为重要。它要求我们在资源开发时不仅着眼于现在，更重要的是要顾及和考虑到未来可能的发展状况，不仅重视资源效益最大限度的实现，更重视有效节约资源，以便在满足当代体育产业发展需要的同时，不损害未来体育产业的发展。

（三）突出重点目标、兼顾综合效益

体育作为我国社会文化的一个重要组成部分，具有社会主义公益性质，因此体育产业的发展也必然会表现为多效益的综合实现。我们从事体育产业资源的开发，应该针对体育产业的这些基本性质、基本特点，在开发中围绕不同资源的特点、功能，不同产业主体的特点及规律，确定合理的开发目标，既突出产业主体发展中的重点目标，保证其在主导利益实现下的生存，又兼顾体育产业资源开发中综合效益的实现，以确保资源开发活动，即产业主体产业活动的良性运转。

（四）全面认识、综合开发，客观认识资源的流动弹性

体育产业资源的范畴广阔，边界模糊。因此，对其的开发应以全面认识为前提。即在进行开发时，首先能够确认开发对象的范围，即外延的确定；其次就是对其开发方式和效果的深度挖掘，即内涵的开发，尽可能实现资源的各种综合效用。

另外，由于资源一般都具有一定的流动弹性，其流动弹性各不相同，如人力资源，具有较高的流动弹性；而自然资源的流动弹性相对较低，稳定性较高。因此，在进行体育产业资源开发的过程中，必须能够客观认识各类体育产业资源的流动弹性特征，针对不同类型的不同特点，采取不同的开发方式。

第五章　体育产业的信息化发展

第一节　体育产业发展受信息化发展的影响

在科学技术和信息化快速发展的今天，可以说信息化对任何行业的发展都产生了非常重要的影响，对于体育产业也不例外。信息化推动体育产业的发展是具有一定的科学机制的。研究信息化推动机制理论才能更加深入地了解体育产业信息化的内涵，从而更好地促进其发展。

一、信息化与体育产业信息化的概念

（一）信息化

"信息化"的思想是 1963 年 1 月日本社会学家梅棹忠夫在其发表的《论信息产业》一文中首先提出的。他在研究信息产业发展原因的同时提出了信息化的问题。他预言，今后的人类社会是一个以信息产业为主题的信息化社会。

在我国，国务院主持召开了第一次全国信息化工作会议，明确了"信息化"的概念。信息化，是指在国际统一的规划和组织下，在农业、工业、科学技术、国防及社会生活各个方面应用现代信息技术，深入开发，广泛利用信息资源，加速实现国家现代化的进程。

（二）体育产业信息化

目前，在体育界并没有一个统一的、权威的关于"体育产业信息化"的概念，根据以上对"信息化"概念的理解，我们可以将"体育产业信息化"定义为：体育产业信息化是指在体育产业、体育科技、体育管理、竞赛组织、运动训练、全民健身等体育领域的各个方面，在国家统一规划和组织下，加速实现体育现代化，广泛利用信息资源，深入开发的一个科学化进程。

二、信息化推动体育产业发展的机制

（一）带动作用

大量的调查与研究表明，现代信息技术的使用对体育产业的作用与影响是巨大的，能极大地带动体育产业的发展。总体而言，这种带动作用主要是通过以下四个方面来实现的：

第一，在现代科学技术快速发展的背景下，先进的信息化技术在电子政务方面的应用，直接推动了体育管理部门由管理型向服务型方向转变。这一变革对体育产业的发展具有深远的影响和意义。

第二，现代科学信息技术的应用能有效地改变传统体育的工作方式，提高工作效率。

第三，现代科学信息技术的应用能有效地改善体育制造业的装备基础，通过对传统设备的改造，不仅能制造出新的数字化体育健身产品，还能大大提高生产效率。

第四，现代科学信息网络技术的应用能为体育产业的发展创造一个良好的环境。如目前国内的 CBA、中国足球超级联赛等通过网络直播，不仅方便了广大球迷不受空间限制观看比赛，而且扩大了赛事在全球范围内的影响力，这对于我国体育产业的发展非常有利的。

（二）增值作用

现代信息技术的普及与发展极大地推动了体育产业的发展，对体育产业而言起到了重要的增值作用。所谓的增值，是指在体育产业发展中，提高产品与劳务的附加值，扩大供给，增加财富。与传统的生产要素不同的是，信息化社会中的信息要素，其边际收益率会不断递增，能更快地推动体育产业经济的增长与发展。在现代网络经济快速发展的时代，通常情况下产品或服务的网络价值甚至比自身更重要，网络系统的层次越高，其价值就越大。在现代网络经济中，对信息的连续追加投资，不仅可以在一定程度上获得不菲的增值报酬，还可以获得一定的投资报酬。目前，现代网络信息技术的应用已越来越频繁，现代社会也已经进入一个高度发展的信息社会。因此，在体育产业发展的过程中，为了获得增值与提高产业价值，体育产业经营管理者一定要充分认识到现代信息网络的优势，认识到网络信息的重要性，将现代网络信息技术充分应用到体育产业管理之中。

三、体育产业信息化对体育产业发展的影响

（一）信息技术的发展保证了竞技体育比赛的公正性

在科学技术还不发达的时代或者一些特殊的竞技体育比赛项目，用人的器官或简单的仪器来测量，其结果是非常不准确的，这就难以保证竞技体育比赛的公平和公正。而随着时代的发展与现代科学技术的应用，使得测量仪器

和设备变得非常先进，能准确地记录裁判给出的运动员比赛成绩，有效地保证了竞技体育比赛的公正性和公平性。

（二）帮助运动员提高竞技体育比赛的成绩

在竞技体育领域，信息科学技术的应用能为运动员提供了准确、客观、真实的数据，可以帮助运动员提高自身的运动水平和比赛成绩。在信息技术运用的过程中，对运动员运动技术的分析是基于计算机多媒体技术基础之上的。首先，要进行运动员各种运动技术细节的捕捉，通常在某些环节上设置相应的传感器，通过传感器将捕捉到的信息传给计算机系统；其次，计算机系统处理捕捉到的原始点位，计算传感器的运动轨迹，从而建立起研究对象的三维模型。这种科学的处理技术的手段能使体育训练从纯粹依靠经验走向科学化，促进运动员技术水平的快速提高。

（三）保证了大型体育竞技比赛的全球转播

随着现代网络信息技术的广泛应用，处在世界各地的人们都能通过网络同步观看各种各样的体育赛事，这种不受时空限制的体育比赛转播，充分满足了人们对体育运动比赛观赏的需要，刺激了人们对体育产品的消费，因而对体育产业的发展具有重要的推动作用。

（四）体育产业信息化对体育产业发展的作用机制

在信息技术快速发展的今天，体育产业信息化是一个不可逆转的趋势，体育产业信息化对体育产业发展的作用与影响将会越来越大。现代信息技术越发展，信息技术的含量就越高，将这些先进的信息技术应用到体育产业中，能够极大地推动体育产业的发展；而体育产业的发展，又能在一定程度上推动国民经济的发展。

（五）有利于大型体育赛事的组织与管理

要想确保大型体育赛事的顺利进行，就必须组建一个可靠的赛事组委会对体育赛事进行有效的组织与管理。在举办大型体育赛事时，受各种因素的影响和制约，赛事组织者管理水平的优劣将直接关系到赛事举办是否成功，如果管理得好，效益就好，反之效益就差。如在体育赛事举办期间，竞赛日程的发布、竞赛门票的售出、竞赛结果信息的发布等都可以通过网络信息技术的运用来为人们提供及时的信息。而借助于互联网和网上银行电子手段，不仅方便了主办者，免去了劳动力支出，也为参赛者和观赛者提供了极大的便利，可谓是一举多得。可以说，现代网络信息技术已广泛应用到各种体育赛事之中，如2016年巴西里约热内卢奥运会期间，通过互联网查阅竞赛信息达百亿人次，高峰时网络点击频率达几百万次每分钟。此外，凡遇重大赛事时，住宿预订、交通路线、天气预报等信息，人们都能通过网络来获得。总之，各种网络信息技术的应用极大地方便了赛事组织者与参与者，便于实现体育赛事的组织与管理。

（六）体育产业信息化促进了全民健身运动的发展

随着我国市场经济的不断发展，我国国民经济水平近些年来得到了很大程度的提高，居民收入不断增加，生活水平得到逐步改善，这为人们生活方式的转变提供了可能。目前，在全民健身运动理念日益深入的今天，健康已成为人们的一种需要和追求。在休闲时间，人们都倾向于参加各种各样的体育活动来丰富自己的业余生活，在增强身体健康的同时还能陶冶情操。体育发展到今天，人们已不再仅仅局限于简单的体育运动，而是对信息技术含量更高的体育运动产品有了很强的欲望，这对于整个体育产业部门的发展而言都是非常有利的。

对于体育产业部门而言，体育产品的研发、流通和消费是其核心，体育产业的发展要求所生产的体育产品必须能满足消费者的体育需求。在全民健身运动的推动下，我国体育产品业也迎来了发展的春天，各种生产体育运动产品的厂家大量出现，各种体育产品也大量涌现出来。其中，在生产和消费领域，信息化都起到了重要的核心作用。具体表现在以下两个方面：

第一，生产体育产品的企业或厂家可以通

过各种网络信息渠道了解体育消费者的需求，而对于消费者来说，也可以通过现代媒体来了解和掌握体育产品的性能等，以选择适合自己的体育产品。

第二，在现代科学技术快速发展的今天，信息技术的应用能有效地推动体育产品的创新与发展。目前，人们倾向于选择各种有氧运动产品，如跑步机、动感单车等，这些运动产品的使用能帮助人们更好地提高身体健康水平。对于运动员而言，他们参加运动训练，对自己的身体状况、运动负荷量等都需要有一个及时准确的了解，现代信息技术的应用就能帮助运动员完美地解决这一问题。在新的时代背景下，在全民健身运动发展的今天，形成一个消费刺激生产、生产刺激消费的良性循环，对于体育产业的发展是非常有利的。

第二节 体育产业信息网站的运营模式

运营模式是对企业运营管理过程的总体描述，是为实现企业运营目的而对人、财、物等核心资源运用方式的有机结合。我国现有的体育产业信息网站通过近年来的不断发展，已不断完善和健全，本节主要分析一下我国一些企业化运营的网站、行政单位与企业合作运营网站的运营模式。

一、体育产业信息网站分类

关于我国体育产业信息网站的分类，目前并没有一个统一的划分标准，其运营模式主要是企业运营、行政单位与企业合作运营。一般来说，以网站功能为主要依据来划分，可以将我国体育产业信息网站分为以下几种类型：

（一）包含体育产业信息的综合性网站

包含体育产业信息的综合性网站，主要功能是发布各种体育产业信息和资讯，内容涉及各行各业。下面就简单介绍几种这类网站的运营情况。

1.中国产业经济信息网

中国产业经济信息网由中国报协主管，始建于1997年，是中国最大的行业信息发布网站之一。总体上来看，该网站所拥有的中国产经数据库容纳了中国54家国家级行业媒体的信息数据200多万条，同时拥有每日1500条左右的数据更新量，其内容涵盖国民经济的各个部门、各个层面。

2.中国经济信息网

中国经济信息网，简称"中经网"，由国家信息中心组建，始建于1996年，是一个以提供经济信息为主要业务的网站，可以说是描述和研究中国经济最为权威的网站。

（二）体育行政部门官方网站

体育行政部门官方网站是电子政务的载体之一，主要是发布体育行政部门制定的相关政策、官方消息和新闻资讯等，其内容主要包括国家体育总局官方网站、各项目管理中心官方网站和各地体育局（部门）官方网站等。

1. 国家体育总局官方网站

国家体育总局官方网站由国家体育总局信息中心承办，实现政务公开、公共服务、在线办事以及与公众互动交流。该网站专门开设了"体育产业"这一栏目，主要内容包括产业信息、产业理论、产业统计、场馆运营、健身场馆等方面。

2. 国家体育总局篮球运动管理中心

国家体育总局篮球运动管理中心，直属于

国家体育总局，主要设置国家队保障部、运动队管理部、青少年管理部、综合部、竞赛管理部和社会发展部。其目的是指导篮球运动，促进篮球事业发展，组建国家队去参加各种国际比赛，以及各级运动队建设、后备人才培养、项目注册管理、竞赛计划规程制定、裁判员队伍管理、竞赛管理与组织、教练员等级培训、反兴奋剂管理、相关科研、社会篮球开展、篮球商务开发等。

3.北京市体育局官方网站

北京市体育局官方网站由北京市体育局信息中心运行管理，主要负责发布各种政务信息、新闻资讯等内容，并提供各种网上办事服务，开设体育业务专栏，专门发布各种体育产业相关信息。

（三）体育协会官方网站

体育协会官方网站由中华全国体育总会官方网站、各地体育总会官方网站、各单项体育协会官方网站、各行业系统协会官方网站等组成，其主要目的是发布重要的体育资讯和相关公告等内容，并对各种赛事的数据进行统计。

1. 中华全国体育总会官方网站

中华全国体育总会官方网站由华奥星空（北京）信息技术有限公司提供制作及技术支持，主要发布协会公告、新闻资讯、政策法规等信息，专门开设了"体育产业"这一栏目，发布体育产业相关信息。

2. 中国田径协会官方网站

中国田径协会官方网站由华奥星空（北京）信息技术有限公司提供技术支持和运营管理，主要任务是发布竞赛、训练、田径运动、马拉松等相关赛事信息和公告。其中，还专门开设田径产业栏目，提供行业动态、企业动态等内容。

（四）体育赛事官方网站

体育赛事官方网站包括综合性运动会、单项赛事等体育赛事的官方网站，主要发布体育赛事相关信息，是体育赛事宣传推广工作的重要载体，主要用来发布官方通知、公告等，部分网站也支持在线报名，在线购买门票、体育赛事衍生品等产品。

（五）门户网站体育频道

门户网站包含综合性的互联网信息资源，我国目前的大型门户网站均开设了体育频道，网站体育频道的主要内容为体育相关的新闻资讯及体育赛事直播。

1. 腾讯体育

腾讯体育是 2013—2020 年中国奥委会唯一的互联网服务合作伙伴，主要提供体育相关的各类新闻资讯和体育赛事直播，涉及 NBA、CBA、中超、英超、西甲、德甲等多项体育赛事，是 NBA 中国数字媒体独家官方合作伙伴，创建了 CBA 数据库。腾讯体育可以说是中国人气最旺的门户体育频道之一。

2. 新浪体育

新浪体育主要提供体育相关各类新闻资讯和体育赛事直播，涉及欧冠、英超、西甲、意甲、中超、亚冠、NBA、CBA 等多项体育赛事。

3. 网易体育

网易体育主要提供各种体育赛事信息和体育转播，内容涉及国际足球、中国足球、综合运动等。

4.搜狐体育

搜狐体育主要提供各种体育信息和赛事转播，内容涉及国内、国际各种赛事。

（六）体育产业信息垂直网站

体育产业信息垂直网站，主要是提供与体育产业相关的深度信息和服务。一般情况下，这些网站提供的信息具有很强的增值性，重点功能为资源对接和商务合作。目前，我国的体育产业信息垂直网站还不是很健全，仍需要在今后加强建设。

1.中国体育资讯网

中国体育资讯网是国家体育总局体育信息中心建立的专业性体育信息传播网站，主要面向群体，为运动训练与竞赛部门、体育科研与教学单位、体育中介机构、新闻媒体、体育经营企业实行会员制。其提供的信息内容主要包括：大众体育数据库、体育成绩数据库、体育管理数据库、运动训练数据库、体育产业数据库、中国体育法规数据库等大型数据库；竞技体育信息、中外群众体育信息、体育产业信息、奥运信息、体育用品信息、水上项目信息、运动员保障动态、体操等信息的发布；专题报告和科研论文。

2. 华奥星空网

华奥星空网由北京华奥星空科技发展有限公司建设和运营，网站主要提供竞技体育、体育产业、群众体育等新闻资讯，还提供了各种体育旅游业务，包括体育赛事门票和体育赛事旅行等内容。

3. 中国体育产业信息网

中国体育产业信息网由宏育（北京）科技发展有限公司建设和运营。中国体育产业信息网主要面向企业客户，实行会员制，整合资源，促成交易，是一个体育产业资源的交互平台。网站主要提供体育新闻资讯和各种信息增值服务。

4.虎扑体育网

虎扑体育网以篮球论坛起家，网站主要提供篮球、足球、网球等各项目的信息。虎扑创建了中国最大的体育类垂直社区——虎扑体育社区，深受体育爱好者的喜爱。

二、体育产业信息网站特征

在我国体育产业信息网站发展的过程中，其得到了国家体育总局、社会各企业的大力支持，这为体育产业信息网站的建设和运营奠定了良好的基础。目前，我国体育产业信息网站的建设与运营状况良好，已取得了初步的成效，但整体上来看仍然处于初级发展阶段，还需要进一步发展。当前我国体育产业信息网站呈现出以下几个特征：

（一）门户网站体育频道发展迅速

近年来，随着我国竞技体育以及全民健身运动的不断发展，我国各门户网站的体育频道也开始迅速发展起来，目前我国的门户网站均开设了体育频道，并且受到了体育爱好者的交口称赞。以上几个门户网站的体育频道每天都会及时更新各种体育新闻，成为体育爱好者获取体育相关信息的主要途径之一。相对于其他体育产业信息网站而言，门户网站的体育频道信息采编和频度较快，传递信息及时并且能跟受众形成良好的互动，因此它们在我国体育产业信息网络化进程中发挥了非常重要的作用。

（二）以双向互动为主要发展方向

目前，我国体育产业信息网站主要通过信

息资源共享与整合来实现网站运营者和受众的双边互动。一般来说，体育产业信息网站运营者最终要以网站技术为载体，以体育产业信息网站为平台，实现体育资源拥有者、网站运营者和网站受众之间的互动与交流；网站在建设与运营的过程中要重视彼此的双向互动，要采取一切可能的手段与措施加强网站与受众之间的联系，促进体育产业信息网站的发展。

三、体育产业信息网站的建设流程

一般来说，我国体育产业信息网站的建设流程主要包括以下几个部分：

（一）网站规划

网站规划是指在体育产业信息网站建设之前，网站运营者要根据实际需要进行分析，提出想要达到的效果和实现的功能，并且整理成需求列表，交付至网站制作服务公司。一般来说，网站规划主要涉及以下内容：

第一，网站定位。网站定位是网站规划的重要内容，其中网站用户、网站功能、网站内容都是进行网站定位时所需要考虑到的。通常情况下，体育产业信息网站的用户是体育产业的从业者、关注者；网站功能主要包括形象展示、信息发布、商务合作等；网站内容能为广大的体育产业从业者、关注者提供丰富的、优质的服务。

第二，内容收集。网站内容的收集一方面是当前产业等信息的积累，另一方面是搜索并整理的信息及内容。

第三，栏目设置。在进行网站栏目设置时，首先要根据网站定位确定相应的栏目，然后明确各栏目的内容。

（二）网站设计

网站设计主要指对体育产业信息网站视觉方面进行设计，网站设计的内容主要包括以下几个部分：

第一，网站标志设计。网站标志是体育产业信息网站的象征符号，是网站内涵的集中体现，因此设计者要综合考虑各种因素，突出网站的特色。

第二，网站风格设计。设计者在设计时要注意网站的色彩搭配、文字风格、版面布局等保持一致性，以为广大受众带来良好的视觉体验。

第三，导航栏设计。网站导航栏根据位置的不同主要分为横排导航栏和竖排导航栏两种形式，设计时，其风格与网站内容要保持一致。

（三）站点建设

站点建设是体育产业信息网站建设与运营的重要内容。一般来说，网站站点建设主要涉及以下内容：第一，IP 地址申请和域名注册；第二，ISP 服务选择（ISP 是指互联网服务提供商）；第三，网页制作；第四，网站测试。这四个部分缺一不可。

（四）网站推广

在通过网站测试后，就可以展开网站的推广。网站推广是网站运营的一项重要工作，如果不进行推广，体育产业信息网站就不能很好地传播出去，也不能达到预期的效果。通常来说，网站推广的方式主要有搜索引擎推广法、电子邮件推广法、信息发布推广法等几种，网站运营者可以根据网站的具体情况合理选择。

（五）网站管理和维护

网站管理与维护也是体育产业信息网站运营的重要组成部分，只有平时加强对网站的管理与维护才能保证体育产业信息网站的正常运行。通常来说，体育产业信息网站的管理与维护主要包括安全管理、性能管理、内容管理等内容，网站运营者在管理与维护的过程中，一定要注重各方面的平衡，不能忽略任何一个方面的建设与管理。

四、体育产业信息网站栏目设置

在网站建设中，首先映入访问者眼帘的就是栏目设置，栏目设置是网站最直观的体现。可以说，它是网站的大纲。不同主题与功能的网站，其栏目设置都存在着一定的差异。在体育产业信息网站建设中，栏目设置能把最直观的反映体育产业信息的内容、类别等问题投向客户，从而为网站运营模式奠定初步基础。一般来说，网站的栏目设置要以客户的需求和使用习惯为基础进行有关设置，这就需要网站负责人员进行相应的调查与分析，以确定栏目设置的模式与风格。

目前，在我国现有的体育产业信息网站中，其栏目设置主要围绕体育产业信息本体内容，并从信息资源增值的角度出发，注重栏目具有的交互性与交易性的特点来进行设置，呈现出多样化的趋势。

五、体育产业信息网站技术支持

技术支持是网站建设中重要的组成部分，技术支持的主要任务是帮助建设者提升网站建设和运营的效率，借助各种互联网技术工具，完善网站建设。因此，网站技术是体育产业信息网站建设中必不可少的要素，它是实现网站基本功能的必要条件，缺少了网站技术，网站的建设与发展就会受到直接的影响。因此，在体育产业信息网站建设中，一定要将技术支持摆在重要的地位，充分利用好各种技术工具，完善和健全网站的建设。

（一）云计算技术

在现代信息技术发展中，云计算技术的应用非常广泛。云技术能够将网络与应用整合为一体，更好地为客户提供服务。另外，云技术还能保存各种数据。一般来说，云计算主要有两层含义，即云平台和云服务。云平台是提供资源、动态可扩展性的网络。云服务是基于底层基础设施的抽象，拥有扩展和灵活的服务。云计算是并行计算、分布式计算和网络的融合与发展。总体来说，云计算技术就是通过将各种用户所需要的资源进行转移和分享，以实现数据的传递，由于其具有很强的实用性和操作性，因而在体育产业信息网站的运营与建设中，云技术的应用是必不可少的。

（二）数据库技术

1.知识库系统

目前，现代化的人工智能已经发展到一个较高的水平，而将人工智能与数据库技术相结合，就形成了一个知识库系统。通过知识库系统的应用，能实现很多人力不能完成的工作，极大地提高了工作效率。

2.分布式数据库系统

由不同计算机数据组成的数据库系统被称为分布式数据库系统。在这一系统中，每台服务器都有自己独立的数据库系统，并对其中的数据进行处理，来满足使用者的日常需求。

3. 主动数据库

主动数据库，是指能够对紧急情况进行迅速反应的数据库，而对紧急情况进行被动反应的则称为被动数据库。由被动向主动的转变，是数据库管理系统提高的标志，因此，信息数据主动化的处理能使得网站管理变得更加高效，保证网站的稳定运行。

六、体育产业信息网站的目标功能

（一）形象展示功能

形象展示功能是我国体育产业信息网站最基本的功能。可以说，一个形象优美的体育产业信息网站不仅能吸引受众的眼球，帮助网站运营者更好地与其进行沟通与交流，还能及时地了解并根据受众的需求，对网站进行改革与更新。形象展示功能是体育产业信息网站受众最早期的体验，只有达到这一目标后，网站运营者才能为广大受众带来更好的网站服务。一个内容翔实、设计精美的体育产业信息网站可以反映出网站运营者的综合实力，树立一个良好的形象。

（二）信息发布功能

信息发布功能也是体育产业信息网站的重要目标功能，网站运营者通过网站向社会发布体育信息，分享体育资源，形成双方之间的良好的互动。网站所发布的信息不仅仅只是转载其他网站的内容，还要注重原创性，网站应多发布一些具有专业性且能够吸引广大受众关注的内容。这样既能帮助网站运营者了解受众的信息需求，也有利于培养网站工作人员的主人翁意识，促进体育产业信息网站的建设与运营。

（三）商务合作功能

一个体育产业信息网站必须要具有一定的商务合作功能，这是必不可少的。如体育产业资源交易平台、中国体育产业信息网等都具有商务合作功能。体育产业信息网站作为体育相关组织和企业嫁接合作的桥梁，要为潜在客户提供一定的服务。如体育赛事主办方可以通过其官方网站展示赛事的相关信息，向潜在赞助商传递合作信息等。

（四）资源整合功能

资源整合功能，是指体育产业信息网站通过系统整合，实现体育信息资源的充分共享，优化体育信息资源配置，发挥体育产业信息资源的最大效应。体育产业网站的资源整合功能可以为体育产业信息获取者提供全面、快捷的信息服务，促进体育产业的不断发展。当今大量的体育产业相关信息以无序的状态出现在大众面前，体育产业信息网站则可以将这些信息进行加工与处理，以满足广大受众者的体育需求。

七、体育产业信息网站的盈利模式

我国体育产业信息网站的盈利模式主要包括以下几大类：

（一）建立融资平台

近年来，我国一些体育产业信息网站正逐步搭建专门的融资平台，提供各类融资服务，如华奥星空网等。它们所采取的形式主要有项目众筹、项目融资、企业融资担保等，这些手段的运用都极大地丰富了体育产业信息网站的盈利模式，值得大力推广。

（二）行业信息数据

建立行业信息数据库是我国体育产业信息网站正在逐步探索的一种盈利模式，这种模式主要是通过对行业信息数据的收集、整理与加工，挖掘其中蕴含的商业价值，以形成行业信息数据库，发布行业信息数据报告等。数据库主要是面向企业级客户，赚取访问的授权费用和行业数据报告的使用费用等。

（三）电商产品平台

目前，互联网进入了一个高速发展的时期，各种电商平台大量出现并获得了迅速的发展。在我国，各类体育产品纷纷进驻各大电商平台，体育产品的销售逐渐进入电商模式。在此背景下，我国一部分体育产业信息网站也开始搭建电商平台，其收入来源主要有自营收入、第三方佣金、广告费等。这说明我国体育产业信息网站也紧跟时代发展的形势，获得了进一步的发展。

（四）广告推广业务

广告推广业务是在网站流量达到一定量级后所采用的盈利模式。这一模式也是我国大部分体育产业信息网站主要的盈利模式，其主要类型有点击广告（CPC）、弹窗广告（CPM）、销售分成广告（CPS）、定期广告等。

（五）O2O 的线下活动对接

O2O 主要是通过线上招揽流量聚集 B 端客户，线下实现消费聚集 C 端客户。O2O 的线上以及线下活动对接是我国体育产业信息网站正在探索的盈利模式，主要通过将网站上的流量转变为线下活动消费而盈利。O2O 体系将来的盈利点不仅在于所实现的交易和交换，更多的盈利点来自大数据及免费模式下O2O平台所衍生的增值服务。

（六）商务合作交易

目前，我国大部分体育产业信息网站都非常注重网站的商务属性，即在企业之间搭建一个资源交易平台，开展与企业间的商务合作，从中赚取交易佣金和服务费。如体育产业资源交易平台为各运动协会、各产业基地、各体育企业等提供体育项目招商、体育企业融资等服务，能获得良好的收益。

第三节　体育产业信息网站运营模式的优化升级

一、我国体育产业信息网站运营模式优化的原则

（一）定位清晰

体育产业信息网站的发展需要经过几个阶段才能得到健全和完善，因此，在不同的发展阶段一定要找准自己的定位，且定位要清晰。这里所说的"定位"主要是针对网站运营模式而言的。体育信息网站运营者要结合我国的具体国情和特色，以我国的体育市场为基础，充分调查与分析客户的需求，制定一个科学的网站发展目标。

（二）分阶段优化

一般情况下，一个网站的建设与发展主要经历技术导向、内容导向和服务导向三个阶段。目前来看，我国大部分的体育产业信息网站都处于技术导向和内容导向之间，即处于一个摸索发展阶段。因此，在我国体育产业信息网站发展的过程中，要认识到自身的发展实际，分阶段地对网站进行优化，促进其在不同阶段的发展；在不同的发展阶段要采取不同的方法与手段，其目的是促进体育产业网站运营的合理化和科学化。

（三）整合资源

在体育产业信息网站优化与发展的过程中，运营者一定要注重资源的整合，其中不仅包括体育行业中信息和服务的整合，同时还包括对其他行业信息等各种社会资源的整合。资源整合需要大量的人力和技术手段才能实现。故而可以建立一个体育产业信息数据库，用来发布数据分析报告，整合体育市场信息及其他社会资源。这是目前我国体育产业信息网站优化与发展的重要任务。

二、我国体育产业信息网站运营模式优化的措施

（一）设立合理的网站定位

根据体育产业信息网站发展的实际，找准合理的网站定位是非常重要的。在进行网站定位时，网站运营者不能只考虑单一的定位对象，而是要综合考虑各种因素，如网站的类型、功能、性能和管理等要素。

我国体育产业信息网站类型为组织型网站；网站用户为体育产业信息的获取者；网站功能为形象展示、信息发布、商务合作、资源

整合；网站内容可以按照各级文字界面、行业数据库、相关链接等进行构建；网站性能上限为要应对百万人同时访问的情况；网站以营利为目的的方式运作；网站管理最佳选择为自我管理。综上所述，可以将我国体育产业信息网站定位为网络媒体和经营平台，其核心功能为体育资源置换。找准网站定位后，就要根据网站用户的行为习惯，果断地删除不必要的栏目或版块，抓住网站建设的重点，围绕用户的需求去建设它们，这样才能有效提升网站质量。

（二）构建清晰的网站盈利模式

一般来说，网站盈利模式可以归结为一个系统。

在建设的过程中，网站运营者要根据具体的实际情况，采取各种盈利战略来加强建设。

一般而言，体育产业信息网站的核心产品应是体育行业数据库及数据报告，核心服务是将整合的信息资源传递给体育产业信息获取者。网站运营者所采取的盈利模式及活动主要包括：设置广告空间、开展培训活动、招商、招纳会员、订购体育相关产品或服务、承办各种体育会展、提供体育旅游服务等。

（三）设计实用的网站内容

我国体育产业信息网站的内容主要包括各级文字界面、行业数据库、相关链接等，栏目设置主要围绕体育管理活动、体育竞赛表演活动、体育健身休闲活动、体育服务、体育培训、体育教育、体育产品制造等内容进行构建。一般来说，体育产业信息网站的内容优化要从以下四个方面进行：

第一，体育产业信息网站首页的设计要有

一定的美感，页面设置要精美、简洁，吸引他人眼球。

第二，体育产业信息网站核心竞争力为其提供体育行业数据库和行业数据报告。

第三，我国体育产业信息网站要以整合资源为核心，主题分明、结构合理、内容清晰，并能够提供客户所需的各种服务。

第四，根据实际情况删除不必要的内容，并及时清理缓存等，以提高网站运行的速度，为用户提供优良的体验。

（四）构建合理的运营模式

在构建与发展我国体育产业信息网站的过程中，选择什么样的运营模式很重要。体育产业信息网站应以建立体育行业数据库、提供数据报告为核心竞争力，以服务客户为中心，以资源整合为核心功能，以盈利模式构建为主体，构建一个高效的、科学的、具有特色的运营模式。

在体育产业信息网站运营模式中，网站运营管理者要招纳各种技术人才操控整个运营流程，同时要不断优化以适应新的发展需求；要采取一系列合理的推广方法将网站信息推广给客户，以满足客户的相关需求；在推广的过程中，管理者所采取的盈利战略或活动要能获得可观的利益。

（五）组建高效的运营团队

体育产业信息网站的运营与建设离不开强大的人力资源，因此，组建一个高效的网站运营团队是至关重要的。我国体育产业信息网站运营的重点在于如何完善网站的核心服务功能，展示网站形象，加强商务合作与资源整合，扩大服务范围，这些工作都有赖于高效的网站运营团队。除此之外，在组建一个高效的运营团队的同时，还要加强其管理，发扬团队集体主义精神，严格执行网站管理制度，更加高效地完成网站运营工作。

（六）实施多元的网站推广方法

一般来说，适用我国体育产业信息网站的线上推广方法主要包括搜索引擎推广法、电子邮件推广法、资源合作推广法、信息发布推广法、快捷网址推广法、网络广告推广法、综合网站推广法、网站评比推广法等方法。

另外，体育产业信息网站运营者在进行网站推广的过程中，要注重线下推广的方式主要从两方面进行：一是可以与国内重大体育赛事机构进行置换合作，实现互利共赢的目标；二是可以参考网站运营的相关

案例，并结合自身实际做好网站的运营与
推广。

第六章　体育产业的多元化领域发展

第一节　体育产业与旅游产业

一、体育产业与旅游产业融合发展的有利条件

（一）国家政策支持力度大

经过 40 多年改革开放的发展，我国旅游业实现从无到有、从小到大、从弱到强，进入了产业化、大众化发展的阶段，成为人民群众的一种生活方式，奠定了向世界旅游强国迈进的产业基础和发展规模。

2009 年国务院出台了《关于加快发展旅游业的意见》，提出了大力推进旅游与体育、农业等相关产业和行业的融合发展，支持有条件的地区发展体育旅游，培育新的旅游消费热点，这在一定程度上反映出促进体育旅游发展的重要性。2014 年 10 月 20 日，国务院印发了《关于加快发展体育产业促进体育消费的若干意见》，把全民健身上升为国家战略，提出促进体育与旅游、传媒、会展等业态需要融合发展。在国家政策的扶持推动下，体育旅游发展迎来了重要契机，发展将迈入新历程。

（二）资源丰富，可开发的产品多

我国幅员辽阔，并且有着十分悠久的历史文化，地理环境复杂多变，且气候具备多样性特征，在开展体育旅游方面具备非常丰富的文化资源、独特的区位优势以及优越的自然条件。在我国，一年四季均适合开展不同类型的体育旅游项目，可使不同年龄、职业层次的人以及不同家庭组合的需求得到满足。

此外，我国地域辽阔、民族众多，拥有五千年灿烂文明的历史，创造了丰富多彩、富有民族特色和地域特点的传统体育活动、民族体育项目。这些传统体育活动以及民族体育项目，不但在一定程度上具备专业性，更重要的一点是其具备地域性及民族性特点，在竞技中包含知识、娱乐以及运动与休闲，集运动和文化于一体，为体育旅游的开发提供了丰富多彩的人文旅游资源。

（三）具备融合发展的坚实基础

在国外，体育旅游始于 20 世纪中叶，并迅速成为一种全球性的文化现象和体育产业中的大热门。在我国，从 20 世纪 90 年代中期开始，国家旅游局和体育局积极引导推出了一系列产品和线路：1996 年国家旅游局推出了中国休闲度假旅游活动，体育旅游成为旅游资源开发的第三大领域；2001 年国家发布了《中国体育健身游活动方案》，将 2001 年定为"中国体育健身旅游年"，推出了一系列具有代表性的地方大型体育健身旅游活动与专项体育旅游产品和线路；2007 年批准首个国家体育旅游产业基地并落户深圳；2008 年北京奥运会和 2022 年北京冬奥会的成功举办为我国体育旅游发展开辟了巨大的国际和国内市场，体育旅游品牌效益进一步凸显，开始向全面、快速的道路发展。

由于国家的大力引导，根据不同地域特点、地方文化以及民族特色，各地成功开发了一系列体育旅游产品和品牌，比如山东潍坊风筝节、环青海湖自行车挑战赛、东北冰雪旅游节等。体育旅游产品得到很大开展，其中一些在全世界范围内已经享有知名度，产生了巨大影响力，显现了强劲、快速的发展态势。这些都为体育产业及旅游产业两者的深度融合发展奠定了坚实基础。

（四）消费需求旺盛，市场潜力大

当前，人们对身体健康的关注超过以往任何时候。首先，随着工业化、城镇化的深入推进，现代交通工具的普及，通信技术的发展和环境污染的加剧，以及人们生活节奏的加快，如何保持身心健康，适应终身发展的需要，已成为人们日益关注和关心的问题；其次，2008年北京奥运会和2022年北京冬奥会的成功举办，进一步激发了人们对体育健身的热情；最后，随着社会经济的快速发展，社会生活水平的提高，人们的消费需求正从解决温饱向追求更高生活质量进行转变。

第二节　体育健身休闲产业

一、给予体育健身产业适当的政策扶持

由于当前体育产业发展存在投资活力不足、融资渠道不畅等问题，国家应该在以下方面给予优惠和支持：

一是应该鼓励民营企业和境外资本对体育健身休闲产业进行投资。

二是在产业政策上对一些大中型体育健身龙头企业重点培养和扶持，在税收、信贷以及融资与用地等方面给予政策优惠。

三是鼓励体育健身企业通过发行企业债券、股票，或资产重组、股权置换等方式筹措发展资金，为企业开辟新的资金渠道。

四是通过财政补助的方式在体育产业研究

方面设立专项基金，对体育健身产业的发展研究进行支持。

五是支持体育健身企业在各地开设分支机构，推进体育健身服务企业的集团化、连锁化和多元化。

二、积极推进体育产业的结构调整

调整的目的是为了对体育产业结构进行优化，使其产业结构实现合理化及高度化。结构合理化，是指体育产业内部需要符合产业发展规律和保持内在运作机制，保证个部门的协调发展。结构高度化，是指体育产业在技术不断创新的基础上，发挥主导产业作用，带动产业质量提升，实现产业由低级向高级的演变。

第三节　体育消费及趋势

一、体育消费的概念

在居民消费中，体育消费属于重要组成部分。在学术界，关于体育消费的概念尚未形成具有共识的定义，但国内学者从不同角度提出了自己的见解。

徐钟仁认为，体育消费包括两方面：一是体育管理职能部门的消费；二是居民体育消费。居民体育消费所指的就是为了能够使居民个人生活及需要得到满足而耗费的体育物质产品、体育劳务产品以及体育信息产品的总和。钟天朗认为，体育消费是人们在体育生活方面的个人消费支出。朱柏宁等人认为，体育消费是人们为了满足自己物质和精神生活的需要，采用不同方式消耗体育资料和劳务的过程；他们认为体育消费有狭义的和广义的理解：狭义的体育消费主要指那些直接从事体育活动的个人消费行为；广义的体育消费则包括一切和体育有直接或间接关系的个人消费行为。杨永德认为，体育消费是指一个国家为了达到发展体育事业目的的需要，而用于体育以及与体育有关的一切设施方面的人力、物力和财力的消费。于振峰认为，体育消费是物质和精神产品用于满足体育消费者体育需求的行为和过程；他把体育消费分为物质和精神两部分内容。栾开封认为，体育消费应理解为是人们通过参加体育活动或观赏体育竞赛，以满足强身健体、愉悦身心等要求的过程；他从三层意思上解释了体育消费的含义，即体育的主体、消费的实现形式和消费的目的性。

综上所述，学者们基本上是对消费者与消

费需求、消费行为及消费者消耗与体育有关的物质对体育消费进行界定的。

总体而言，所谓体育消费所指的就是体育消费者对体育消费资料的消费过程。该概念的意思主要包括以下三个方面：第一，体育消费是以消费能力与消费需要的消费者为主体的；第二，体育消费能够使某种需求得到满足；第三，体育消费中的主体与客体之间的行为具备依赖关系，也就是说，要实现体育消费必须要保证具备一定时间及空间，对于居民体育消费而言，其主体为具备体育消费能力以及消费需要的个人或家庭。

二、体育消费正在逐渐增长

应当看到，体育消费水平不是一个常量而是一个变量，从发展趋势来看，目前我国的体育消费需求正在逐步上升，且呈增长趋势，原因有以下几个方面：

第一方面在于社会生产力的发展、社会基金的增长、人们收入水平的提高、生活水平的改善，导致了人们消费结构的变化，这样整个社会消费需求在范围上、内容上、数量上和质量上都将随之扩大和提高，从而也引起体育消费需求的增长。这是根本的原因。

第二方面在于在社会消费需求中，对于生存需要、发展需要以及享受需要三者而言，不会依据同一比例增长与扩大，由于受到自然消费力较高程度的制约，基础层次的生存需要有一定界限，在增长到一定到程度便会停止；相反，更高层次的发展需要和享受需要主要受社会经济因素的制约，而人的自然生理因素对它的制约较小，因而从增长趋势来看，其具有无限性。因此，在人们的生存消费得到基本满足之后，其消费需求的增长必扩大到发展需要及享受需要，在总消费中的比重将逐步增大，从而体育消费需求也将随之不断增大。1990年，我国人均消费水平由1980年的226.6元增加到414.3元，为1930年的1.83倍；2000年人均消费水平增加到712.3元，为1980年的3.14倍，是1990年的1.72倍。1952年至1980年我国居民消费水平年平均增长2.6%；1980年至2000年平均每年增长5.9%。这种消费水平的增长趋势，也必然带来体育消费需求的增长。到20世纪末，随着我国人民的生活消费水平达到小康标准，体育消费将会向多样化与社会化方面进一步发展。由于居民的余暇时间会在很大程度上有所增加，在学习、娱乐以及体育消费方面所花费时间和费用也会随之增加，人们将会有更加丰富多彩的物质消费以及精神文化消费，这样一来，也将会在很大程度上刺激体育消费需求，使其增大。

第三方面在于现代社会正朝着电子化、自动化、信息化的方向发展，人们在日常工作中的体力支出已开始日益减少，为了保持充沛的精力，维护健康，必将有更多的人参加各种体育活动。

随着时代的发展，作为体育运动重要组成部分的群众体育也出现了以下几点新的变化趋势：

第一，随着当前人们经济收入的不断增加，人们将会改变传统的体育消费观念。

第二，随着当前人们余暇时间越来越多，人们将会有更多的机会进行体育锻炼。

第三，随着当前人们营养水平的不断提高，将会有越来越多的人将健美、健身当作锻炼的直接目的。

第四，随着居民文化程度的提高，科学锻炼的要求将会更加迫切。

第五，随着人口年龄结构的变化，锻炼要求较为迫切的中老年人数量将大大增加。

因此，我国未来社会对体育的需求会越来越迫切，这些都将极大地增加对体育实物消费资料、体育劳务以及服务消费资料的社会需求，从而推动体育消费需求的增长趋势。

除了以上几个方面的原因之外，随着与体育相关的产业的不断发展及开拓，体育消费品数量正在不断增加并且质量在不断提高，开始出现越来越多的新产品、新品种以及新的体育消费项目，这样会使人们的体育消费需求有所增长，并且会使人们产生新的体育消费欲望。

根据国内外社会消费结构变化的实践和我国近年来社会消费结构正在发生深刻

变化的事实，在未来社会经济发展中，我国体育消费需求增长趋势将主要表现为三点。

第一，实物型体育消费需求将迅速增长。实物型体育消费需求，是指运动服装、运动鞋及小型运动器材等体育实物消费资料的需求。这种实物型体育消费需求增长的原因在于以下两个方面：一方面运动服装、运动鞋这类体育消费资料兼有运动和日常生活两方面的效用，加上这些消费品新型的款式、流畅的线条、丰富的色彩、强烈的现代意识、时代感和个性感，开始受到越来越多的体育消费者，特别是青少年体育消费者的青睐；另一方面，这些小型运动器材价格相对低廉，个人完全有能力去支付，加上这些小型运动器材对这些经常参加体育活动的人来说，也是一种必备和常备的"武器"。因此，随着我国体育社会化的拓展和体育人口的增加，实物型体育消费需求将迅速增长。

第二，欣赏型体育消费者队伍将日趋壮大。欣赏型体育消费，是指人们用货币购买各种入场券、门票，以观看、欣赏达到视觉神经的满足为目的的各种消费行为。如观看各种体育比赛、体育表演以及各种和体育有关的影视录像、展览等。随着我国体育事业的发展、体育运动水平的提高以及体育产业的进一步对外开放，国际体育交流必将得到日益壮大。各种各样的体育比赛、体育表演，特别是大型的国际、洲际体育赛事（例如世界女排赛、亚运会等）在我国举办，必将极大地提高我国人民的体育意识和体育欣赏水平。这样，欣赏型体育消费者队伍也在日益壮大。

第三，参与型体育消费将日益兴旺。参与型体育消费，是指人们用货币购买各种和体育活动有关的体育劳务或服务的体育消费资料的消费行为。如为参加各种各样的体育活动、健美训练、健康咨询等支付的各项费用。随着我国体育部门进一步深化改革，各种体育劳务和服务项目方兴未艾，特别是开始不断出现一些健身娱乐场所和健美锻炼、咨询、辅导等有偿服务形式，必将使体育消费者的消费兴趣得到提高，使体育消费者的消费欲望得到满足。同时，体育的功能、体育消费的效益也将被越来越多的人所认识，从而促使更多的人参与体育消费过程，加入体育人口行列。

三、扩大体育消费的建议

（一）引导我国居民体育健身消费

1. 优化体育消费结构

消费结构，是指人们在消费行为中，所消

费的不同类型的消费资料的比例关系，包含实物消费与劳务消费之间的比例，各社会各集团的消费比例，社会公共分配与个人分配的比例，各种消费行为衣食住行用之间的比例，以及人们的自然属性与社会属性所需的消费比例关系等。体育消费在以上各种关系中也都占有一定的地位。体育消费中有大量的劳务消费，如看比赛，到体育场馆参加各种体育娱乐活动的消费；其中也有大量的实物消费，如购买运动服、运动鞋、运动器材等。要想使我国城市居民提高其体育健身消费水平，必须要改变我国当前的体育消费结构，也就是说由以实物型消费为主向以劳务型消费为主转变。主要是让我国城市居民多到消费性的体育场馆参加各种体育娱乐活动，在消费和锻炼身体的同时，应当提高对体育锻炼所具备价值的认识。通过对体育消费结构进行优化，不但能够使我国城市居民提高体育健身消费水平，同时还能够使我国城市居民提高其身体健康状况，对全民健身运动的广泛开展具有推动作用，使我国城市居民的终身体育意识逐渐得以形成。

2. 引导居民家庭体育消费

家庭是其成员生活方式的主要载体，家庭是社会构成中最基本的细胞，是由婚姻关系——夫妇，血缘关系——父、母、子女、兄弟、姐妹或其他亲族关系妯娌、翁婿、婆媳等所组成的社会的最基本单位。在这个单位里有丰富的亲属、亲族的亲情活动，有成员间共同的经济活动，还有带着深厚情感的社会性活动。现在我国家庭成员数目少，关系比较简单，家庭对孩子的教育主要由父母完成。人，一旦降生，家庭就是他所归属的第一个群体，父母就是他们直接学习的对象，是他们终身学习的老师，生活琐事就是教育内容，处理日常生活的方式方法就是无形的教育的方式方法，教育的目的是为了让孩子能够身心健康地成长。

少年儿童是家庭体育中最踊跃、最热心的参加者，因而家庭体育也是教育子女的良好手段。在体育游戏中，孩子的各种天性都会不自觉地表露出来，在家长面前活动更是无拘无束。家长能够对他们的兴趣、志向和性格进行充分的观察、了解和掌握，从而在潜移默化中对其进行引导和教育。

（三）提升居民体育健身消费意识

意识，是指人所特有的对客观现实的反映。意识使人能够用客观现实中引出的概念、思想及计划等来对自己的行为进行指导，使行动具有目的性、方向性以及预见性。它是人类特有的反映出客观现实的最高级的认识形式。这种反映的起源和产生，总是同人们的实践活动紧密相连。只有客观事物对人施加具体影响和作用时才能产生相应的意识。

体育意识是人们对体育的认识、价值观念及在体育活动中所表现出来的精神、思维活动等思想观念体系。在体育实践中，人们对各种情况信息进行加工整理、分析综合，从而逐步透过现象去认识本质，把握事物发展的规律性。对于体育意识而言，其基本内容主要包括三个方面，即体育认识、体育情感以及体育意志。其中体育认识所指的就是人们在体育知识以及理论方面的追求，它与认识的内涵是统一的；体育情感所指的是对体育的感受以及评价；体育意志为体育意识的能动方面，是人们自觉地对参与体育的目的进行确定，并且在确定目的的支配下，将行动中存在的障碍与困难克服，从而使目的得以实现的一种心理形态。体育意识可以对体育情感进行引导与控制，而体育意志受体育情感的影响，体育意志对体育情感又具有反作用。这三者之间相互联系，相互作用，从而构成了完整的体育意识。

参考文献

[1] 魏建军. 现代体育产业发展理论与经营管理研究 [M]. 北京：地质出版社 .2019.

[2] 杨乃彤. 体育产业创新与科学运营管理研究 [M]. 北京：中国水利水电出版社 .2019.

[3] 徐永生. 户外体育旅游休闲产业开发与管理 [M]. 延吉：延边大学出版社 .2019.

[4] 韩开成. 体育管理学 [M]. 重庆：重庆大学出版社 .2019.

[5] 杨景元，董奎，李文兰. 体育教学管理与教学现状 [M]. 长春：吉林人民出版社 .2019.

[6] 李书娟. 我国体育产业供应链融资模式研究 [M]. 武汉：武汉大学出版社 .2019.

[7] 范周. 中国文化产业研究丛书 文化发

展研究札记 [M].北京：商务印书馆.2019.

[8] 陈伟编.体育营销全程操盘及案例解析 [M].北京：民主与建设出版社.2019.

[9] 闫二涛.中国高等体育教育改革之路 [M].北京：知识产权出版社.2019.

[10] 苗苗.社会发展新常态下体育产业发展研究 [M].中国原子能出版社.2019.

[11] 喻丙梅.现代体育产业的优化管理研究 [M].北京：中国水利水电出版社.2018.

[12] 李红霞.体育产业经营管理理论及实务研究 [M].北京：地质出版社.2018.

[13] 李勇.休闲体育经营管理与产业研究 [M].咸阳：西北农林科技大学出版社.2018.

[14] 叶宋忠.大数据时代体育产业经营管理 [M].咸阳：西北农林科技大学出版社.2018.

[15] 钟敬秋.区域体育产业发展评价与优化战略 [M].北京：中国水利水电出版社.2020.

[16] 李霞 . 体育产业与养老产业融合研究 [M]. 北京：新华出版社 .2020.

[17] 许进 . 体育产业的发展及市场化运营研究 [M]. 徐州：中国矿业大学出版社 .2018.

[18] 穆瑞杰 . 高校学术文库体育研究论著丛刊 京津冀一体化背景下体育产业的发展探讨 [M]. 北京：中国书籍出版社 .2018.

[19] 胡昕 . 经济学视角下的中国体育产业发展研究 [M]. 青岛：中国海洋大学出版社 .2018.

[20] 彭志伟 .“一带一路”背景下我国体育产业发展体系研究 [M]. 北京：中国纺织出版社 .2018.

[21] 许赛赛 . 体育产业经营管理理论研究与实践探索 [M]. 北京：中国经济出版社 .2020.

[22] 海梦楠 . 民族体育与文化产业融合发展 [M]. 长春：吉林人民出版社 .2020.

[23] 吴宝升 . 我国体育产业治理研究 [M].

北京：人民体育出版社 .2020.

[24] 谷茂恒 . 我国休闲体育产业研究 [M].

天津：天津科学技术出版社 .2020.